Ravensburger
Hobbywerkstatt

Ravensburger Hobbywerkstatt

Oskar Batek

Marionetten

Stab-, Draht- und Fadenpuppen

Otto Maier Verlag Ravensburg

Der Autor dankt aufrichtig Frau Jolanda Werner und Herrn Hans-Jürgen Bahr für die freundliche Mitarbeit an der endgültigen Textfassung.

Dieses Buch erscheint in der Reihe „Ravensburger Hobbywerkstatt“.

Zeichnungen: Oskar Batek
Fotos: Max Grünert, Hansi Müller-Schorp, Steinauer Marionettentheater, Theater Tandarica
Gesamtherstellung: Himmer, Augsburg
Printed in Germany

6 5 4 3 88 87 86 85

ISBN 3-473-42325-4

Inhalt

Einleitung

Man spricht heute von der Renaissance des Puppenspieles, von dem wiedererwachten Interesse an dieser bescheidenen Kunst. Wie ist das zu erklären? Unlust und Müdigkeit, womit man auf hochtechnisierte Lebens- und Unterhaltungsformen reagiert? Sollte die „nostalgische Welle" der Grund sein, daß der uralte Trick mit der toten Materie, die in den Händen des Puppenspielers lebt, wieder zum „Wunder" wird und erneut an ästhetischer Wirksamkeit gewinnt?
Oder ist die Tatsache bestimmend, daß das Puppenspiel in den letzten Jahrzehnten den Vorsprung der anderen Künste aufgeholt hat und aus einer Jahrmarktunterhaltung, als welche es allgemein angesehen wurde, zu einer selbständigen Kunstart geworden ist?
Jede vereinfachende Antwort wäre ebenso unrichtig wie die Vorstellung, daß es in der Entwicklung des Puppenspiels zu einer plötzlichen und überraschenden Wendung gekommen ist. Eine Veränderung, sowohl in der Einstellung zum Puppenspiel als auch in seiner Qualität, ist in den europäischen Ländern schon während der letzten zwei Jahrhunderte zu verspüren.
Geht man weiter zurück bis zum Zeitpunkt der Geburt unserer Kulturgeschichte, so kann man den Ursprung in zwei Entwicklungslinien finden, ähnlich wie bei anderen Künsten auch. Eine Linie bildet das profane Puppenspiel, welches sich um Hochachtung wenig kümmert. Die andere Linie verläuft mit dem Puppenspiel der magisch-religiösen Rituale, das sich die höchsten Ziele setzt.
Ein vornehmes Theater, nach Versöhnung zwischen Göttern und Menschen strebend, steht neben einem ganz und gar irdischen, das den Zuschauer mit seinem bitteren Menschenschicksal versöhnen will.
Diese beiden Ströme haben sich immer gegenseitig beeinflußt, durchdrungen und befruchtet und sind zu den verschiedenen Zeiten von unterschiedlicher Bedeutung gewesen. Dabei hat auch die enge Verwandtschaft von Puppenspiel und Theater eine große Rolle gespielt. Einmal waren es die hölzernen Akteure, die sich in ihrem Spiel eng an die lebendigen Kollegen anlehnten und sie nachzuahmen suchten. Damit wurden sie zu Bewahrern großer Theatertradition, man denke an die Commedia del l'arte und an das Theater der Typen. Ein andermal waren es die lebenden Schauspieler, die, wenn auch durch ihre Körperlichkeit gehemmt, Puppen zu ersetzen suchten, indem sie deren göttliche Kunst imitierten.
Auch das heutige moderne Theater bereichert seine Ausdrucksmittel durch Stilelemente, die es vom Puppentheater übernommen hat. Die Grenze zwischen den beiden Kunstarten wird fließend, wenn Spieler und Puppen gleichzeitig auf der Bühne stehen. Und nicht nur auf der Bühne, sondern auch in

Film und Fernsehen haben sich die Puppen sowohl mit ihren klassischen Formen als auch mit neu entwickelten Techniken eine sichere Position erobert.

Das Interesse, das Psychologen und Pädagogen seit Beginn des zwanzigsten Jahrhunderts dem Puppenspiel entgegenbringen, führte zu Erkenntnissen über die Zusammenhänge zwischen der Puppe und dem Märchen und über die Bedeutung des Puppenspieles für die geistige Entwicklung des Kindes.

Diese pädagogischen Aspekte gewannen Einfluß in der Dramaturgie des Puppenspiels. In den letzten Jahren haben auch die Psychotherapeuten ein neues Feld entdeckt: Puppen in den Händen kranker Kinder werden zu nützlichen Helfern bei der seelischen Heilung.

In die heutige Welt der Puppen gehören also nicht nur Figuren, die von volkstümlichen oder Berufs-Puppenspielern vorgeführt werden. Daneben stehen Puppen der Schulbühnen und Amateurgruppen; Puppen, die auf bescheidenen Bühnen „für zwei Hände" auftreten und auch solche, denen eine Hundertschaft von Künstlern und Facharbeitern zur Verfügung steht.

Die Puppen von heute haben ihre Museen, ihre Fachschulen, ihre eigenen Zeitschriften, und sie gehören einer internationalen Organisation an. Sie dienen der Unterhaltung von Kindern und Erwachsenen, sie verfolgen hochgesteckte künstlerische Ziele, sie lehren und heilen.

Sie stellen Fragen, die noch nicht beantwortet wurden, und sie tragen auch immer noch viele kleine oder große Wunder in sich, die es verdienen, entdeckt zu werden.

Dieses Handbuch über Puppenbau setzt sich zum Ziele, die ersten Schritte derjenigen zu erleichtern, die sich vorgenommen haben, eine Puppe einmal alleine zu bauen. Denen, die schon mehr davon wissen, will das Buch Anlaß zu neuen Versuchen geben.

Das Buch ist drei Marionettenformen gewidmet. Der Marionette am Stab, der einfachsten Puppe in der Familie der von oben gelenkten Figuren. Der kleinen und großen Marionette am Draht, die zu den uralten Puppenarten gehört, aber zu Unrecht übersehen wird. Und schließlich der bewunderten Marionette an Fäden, einer der technisch anspruchsvollsten Puppen.

Dies soll ein Handbuch sein. Es verzichtet auf Ausführlichkeit und Vollkommenheit eines Lexikons. Sein Umfang erlaubt nur, das Thema in ein paar Beispielen anschaulich darzustellen.

Übrigens, nur aus einem Buch, selbst aus dem besten, kann man den Bau und das Spiel mit den Puppen nicht allein lernen, geschweige denn Stücke schreiben und inszenieren. Man muß sich umschauen, immer und immer wieder, Erkenntnisse sammeln und Vergleiche anstellen. Dieses Buch will dabei als Begleiter dienen, als „Reiseführer" sozusagen. Ist es auch eine fröhliche Reise, die wir unternehmen wollen, so kann sie aber auch streckenweise beschwerlich sein.

In den Kapiteln über den Puppenbau wählte der Autor vor allem die Bauweisen, für welche die Materialien leicht zu beschaffen und zu bearbeiten sind.

Solche also, für die weder spezielle handwerkliche Kenntnisse noch eine aufwendige Werkstattausrüstung nötig sind.

Der Bau, auch der einfachsten Puppe, erfordert bildnerische Vorstellungskraft und dazu Grundkenntnisse der Arbeit mit Messer, Schere und Werkzeugen. Dann Erfahrungen mit verschiedenen Klebstoffen, Farben und Knetmassen, das ABC des Nähens und einen Hauch von „technischem Sinn". Und dazu noch viel, viel Geduld, vor allem mit sich selbst.

Ehe sich der Leser entscheidet, mit dem Bau einer Puppe anzufangen, sollte er sich mit dem Inhalt des ganzen Buches vertraut machen. Manche Bemerkungen, die sich auf eine Puppenart beziehen, sind auch für die anderen Arten nützlich.

Das Buch gibt keine Anweisungen, wie man mit der Laubsäge oder Nähmaschine umgeht. Es bringt auch keine Antwort auf die Frage, wann sich diese oder jene Puppenart besser eignet. Es gibt keine Vorschriften über den Stil der künstlerischen Gestaltung von Puppen. Antworten auf solche Fragen liegen in dem ausgewählten Stück, in der geplanten Inszenierungsweise, den technischen Gegebenheiten und in der künstlerischen Reife jedes einzelnen Spielers oder Ensembles. Da gibt es keine Regel und keine „Gebrauchsanweisungen". Grundsätzlich gilt, daß man sich niemals allzu leichte Aufgaben stellen soll: das Gekonnte nur zu wiederholen, ohne sich um Neues zu bemühen, ist langweilig und nicht schöpferisch, und die Ergebnisse werden kaum zufriedenstellend sein! Dagegen bringt es unbedingt Enttäuschung, wenn man sich an eine zu anspruchsvolle Arbeit begibt, die dann vielleicht nicht bis zu Ende durchgeführt werden kann. Die erste Bedingung für den Erfolg ist also, sich selbst in seinen Kräften und Möglichkeiten richtig einzuschätzen.

Wie auf jedem anderen Gebiet der Kunst, so muß man auch beim Puppenbau und Puppenspiel lernen, „im Material zu denken". Die Realität gibt zwar den ursprünglichen Anlaß, aber das realistische Vorbild muß in die „Sprache" der Puppen übersetzt werden. Das „Material" für eine Puppe sind die Baustoffe, die ihr Aussehen beeinflussen und die ihr besondere Spielfähigkeiten verleihen. Für die Inszenierung sind das „Material" die Puppen, die Dekoration, die Bühnenmusik und andere Ausdrucksmittel. Musik äußert sich in Tönen, Malerei in Linien und Farben – und das Puppenspiel in der Bewegung der Puppen.

Man sagt, Kunst bestehe eigentlich nur im Auswählen dessen, was wichtig ist. Mit einer einzigen Linie der Nase oder des Mundes kann ein Zeichner das ganze Gesicht charakterisieren, durch ein Detail die Vorstellung vom Ganzen geben. Ein Dichter ist fähig, mit einem Vers die Stimmung einer ganzen Szene zu beschreiben. Der Puppenspieler und der Bühnenausstatter machen es ebenso: sie wählen aus; betonen oder unterlassen. Eine Puppe oder eine Dekoration mit zu vielen Details verliert leicht ihren Ausdruck.

Vielleicht steht vor allem erst einmal die Frage: womit fange ich an? – Natürlich kann man mit der Puppe beginnen, sie auf ihre Fähigkeiten hin untersuchen und dann versuchen, ein geeignetes Spiel für sie zu finden. Das ist aber durchaus nicht leicht, und oft bleibt eine fertige Puppe hängen und verstaubt, ehe man richtig mit ihr gespielt hat. Vor allem für die, welche mit dem Puppenspiel noch wenig Erfahrung haben, ist es besser, eine Spielidee, ein Thema, eine Szene oder ein Stück als Ausgangspunkt zu nehmen, um dann dafür die nötigen Puppen zu bauen.

Was die Utensilien angeht, die man zum Bau einer Puppe braucht, so enthalten die einzelnen Kapitel eine Liste der nötigsten Werkzeuge und Materialien. Jeder ergänzt sie sich sicher noch selbst. Wichtig ist aber, daß vor Beginn der Arbeit alles beschafft und zurechtgelegt wird, wobei zu bemerken ist, daß stumpfe Messer und eingetrockneter Kleber durchaus zum Ärger werden können. Billige Werkzeuge sind meistens die teuersten.

Ein guter Alleskleber wird immer benötigt. Außerdem leistet weißer Holzleim gute Dienste, wenn er nach Anstreichen der Berührungsflächen, allerdings unter Druck über längere Zeit, trocknen kann. Die Klebekraft erhöht sich noch durch Erwärmen der Teile.

Styropor läßt sich nur mit bestimmten Klebstoffen verarbeiten. Wenn auf der Gebrauchsanweisung nicht ausdrücklich vermerkt ist, daß der Kleber auch oder nur für Styropor geeignet ist, enthält er wahrscheinlich Stoffe, die Styropor zerstören.

Zum Verbinden von Materialien unterschiedlicher Eigenschaften, wie z. B. Holz mit Metall oder Kunststoff, bewähren sich die Zwei-Komponentenkleber.

Um Schaumstoff mit Leder, Holz oder Textilien zu verbinden, eignet sich Kontaktkleber.

Die häufig erwähnten „modernen“ Materialien wie Styropor, harte und weiche Schaumstoffe sowie verschiedene Arten von Knetmassen haben viele klassische Materialien aus der Praxis verbannt und zu andersartigen Bauweisen geführt. Frühere Bauarten sind verdrängt worden, wie z. B. das Kaschieren von Köpfen in negativen Gipsformen, oder das Formen aus Papiermaché oder selbstgemischten Knetmassen. Die fertigen Modelliermassen, die es in jedem Bastelladen zu kaufen gibt, sollten in getrocknetem Zustand die Eigenschaft von weichem Holz haben und beim Trocknen nicht schrumpfen. Weniger geeignet sind keramische Massen. Manche lassen sich trocken nicht mehr bearbeiten und sind auch deutlich schwerer. Die aus der holzartigen Masse gefertigten Teile kann man jederzeit bearbeiten und verändern oder Schichten neu auftragen. Die Knetmasse läßt sich gut mit Messer, Feile und Schmirgelpapier nachträglich behandeln. Man kann sie bekleben und bemalen. Auch ganz fein modellierte Details sind fest genug. Bleibt die Modelliermasse nach dem Anformen und Trocknen nicht an der Berührungsfläche haften, so kann sie mit dem entsprechenden Kleber wieder angefügt werden.

Auch Holz für die Puppen und die Kulissen ist in den Bastelläden erhältlich. Es werden Rund- und Vierkantstäbe von verschiedener Dicke angeboten, meist in der Länge von 100 cm.

Die Marionette am Stab

Die Idee zu der Puppe, die auf den folgenden Seiten beschrieben ist, wurde erst vor ein paar Jahren geboren. Unter der Bezeichnung „Marionette am Stab" ist sie nicht allgemein bekannt. Sie hatte noch keine Zeit, sich einen festen Namen auszusuchen. Ähnlich ist es übrigens bei vielen anderen Puppenarten, die durch Variieren und Kombinieren verschiedener „klassischer" Techniken entstanden sind.

Der Autor bietet mit dieser Marionette großen und kleinen Puppenspielern und Zuschauern eine gut verständliche und leicht zu handhabende Puppe an.

Ältere Verwandte der „Marionette am Stab" sind sogenannte Tischpuppen, meistens aus Holz gedrechselte, wenig bewegliche Figuren, und die selbst stehenden Puppen aus Papierröhren und Papierkegeln. Neben ihrer Wiege stand auf einer Seite die Marotte, eine von unten geführte Puppe auf festem Stab und mit frei pendelnden Gliedern. Auf der anderen Seite war es die Marionette am Draht. Von den Tischpuppen hat sie die Fähigkeit geerbt, selbständig zu stehen. Von der Marotte bekam sie die frei pendelnden Glieder, und von der Marionette am Draht hat sie die feste Führung von oben, die sie dazu zwingt, auch jeder kleinsten Bewegung des Spielers gehorsam zu folgen. Sie selbst bringt als gewisses Novum ihre trampelnden „Schuhe" mit, die jeden ihrer Schritte akustisch untermalen.

Die Marionette am Stab ist nicht schwierig herzustellen. Genauso anspruchslos ist sie, was die Gewandtheit und Fingerfertigkeit des Spielers betrifft. Nicht einmal in den Händen von ganz kleinen, unerfahrenen Spielern verliert sie an ihrer ausdrucksvollen Beweglichkeit, wie das bei manchen anderen Puppenarten mit schwieriger Spieltechnik leicht der Fall ist. So gilt die Handpuppe irrtümlicherweise immer noch als eine für Kinderhände geeignete Puppe.

Die einfache, stark stilisierte Form der Marionette am Stab entspricht in ihrer Spieltechnik genau den inhaltlich einfachen Themen, die für das jüngste Publikum geeignet sind. Diese Eigenschaft macht die Puppe auch gut verständlich, d. h. sie verhindert, daß der kleine unerfahrene Zuschauer das Spiel für die Wirklichkeit hält. Die Marionette am Stab ist offensichtlich nur eine Puppe, und alles was sie tut, das ist nur ein Spiel. Die Gefahr ist gering, daß das Kind die bei ihm noch nicht festgelegte Grenze zwischen Wirklichkeit und Fiktion überschreitet. Es kann kaum passieren, daß es von Angst vor diesen „kleinen, unbekannten und ganz bestimmt gefährlichen" Lebewesen erfaßt wird, statt Freude und Spaß an dem Spiel zu haben.

Die Marionette am Stab kann und will keine verkleinerte Kopie des Menschen sein. Denn die Art, wie sie konstruiert wird und die Materialien, aus denen sie gebaut ist, erlauben keinen Naturalismus. Es ist ihre flotte, unbehinderte und anscheinend unmanipulierte Beweglichkeit, die sie so lebendig macht, und nicht ihre äußere Ähnlichkeit mit Lebewesen. Den Charakter der Gestalt, die sie verkörpern soll, bestimmen mehr die Farben als die Formen.

Beim Spiel ist der einzige Vermittler zwischen dem Spieler und der Puppe ein fester Stock, der mit unmittelbarer Schlagfertigkeit die Bewegung der spielenden Hand in eine Bewegung der Puppe verwandelt. Die Fähigkeit der Puppe, stehen zu können, bringt Vorteile vor allem dort, wo weniger Hände zum Spielen als agierende Puppen auf der Bühne sind. Die Marionette am Stab ermöglicht also, das Repertoire auch um solche Spiele zu bereichern, die sonst für einen Alleinspieler kaum realisierbar sind.

Die Marionette am Stab braucht keine richtige Theaterbühne. Sie fühlt sich wohler, wenn sie nicht durch einen Proszeniumsrahmen und Kulissen eingeengt ist. Sie will sich ungehemmt bewegen – auf dem Boden, auf dem Stuhl, auf dem Tisch ...

Sie braucht „Auslauf". Nicht, daß sie unfähig wäre, sich auch zart und fein zu benehmen, aber sie zügelt nur ungern ihr Temperament. Sie ist auch eine ausgezeichnete Tänzerin. Sie kann wirbeln, kreiseln, hüpfen, springen und dazu kräftig im Rhythmus trampeln.

Sie muß die Abhängigkeit von der Hand des Spielers nicht verstecken. Mit anderen Worten: der Puppenspieler ist nicht gezwungen, sich hinter einem Paravent, einer Wand o. ä. zu bewegen. Kein Zuschauer wird von seiner Anwesenheit gestört. Im Gegenteil: sein Dabeisein ermöglicht es, die zweipolige Partnerschaft zwischen Puppe und Zuschauer um einen dritten Pol zu erweitern; den Erzähler, den Vermittler zwischen der Bühne und dem Publikum. Der Erzähler garantiert auch, daß alles wirklich nur ein Spiel ist, und er darf auch eingreifen, wann immer es nötig wird.

Werkzeug und Material

Messer, Schere, Nähausrüstung
Alleskleber (z. B. Pritt-Alles-Klebe-Creme), Kleber für Styropor (z. B. Ponal express), Kontaktkleber (z. B. Pattex)
Plakatfarben und Rundpinsel (etwa Größe 6)
Styroporkugel ∅ 5–6 cm, oder ein Stück Styropor für den Kopf
Schaumstoffreste
Holzstab 40–50 cm lang, rund, ∅ 5 mm
Türpuffer aus Gummi mit Grundfläche ∅ 4 cm
Korkstöpsel
2 Holzperlen ca. ∅ 1,5 cm
2 Holzperlen ∅ 2 cm
Elastisches Gewebe oder Wolle für den Kopfbezug
Filzreste, Wollreste, Knöpfe, Perlen
Fellreste, Fellimitation u. ä.
Leichte und fließende Stoffe (Trikotin, Seide u. ä.) für die Bekleidung der Puppe.

Marionette am Stab (Batek & Batek)

Konstruktion

Wie aus der Zeichnung 1 zu entnehmen ist, bildet ein Holzstab die vertikale Achse der Puppe. Dieses Stäbchen ist am unteren Ende in einen Sockel aus Gummi eingesetzt. Bis zu einer Höhe von etwa 20–25 cm wird der Kopf auf den Stab gespießt. Er besteht aus Styropor, die Schultern unter der Halslänge aus Schaumstoff oder Kork. Der Körper wird allein von dem Kleid der Puppe gebildet. Das Kleid ist an den Schultern befestigt.

Bild 1

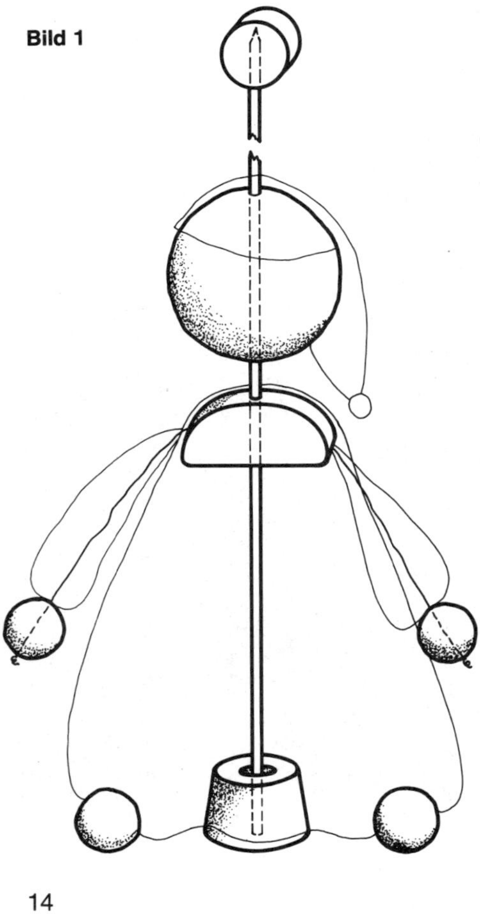

Die Holzperlen, die Hände und Füße der Puppe darstellen, haben eine zweifache Funktion: durch die Bewegung der Puppe werden die Perlen in Schwung gebracht und vergrößern damit die Beweglichkeit der Glieder. Die hölzernen Füße trampeln lustig bei jedem Schritt der Puppe.

Am oberen Ende des Stäbchens ist ein Griff aus Kork befestigt. Er erleichtert dem Spieler die Führung der Puppe.

Was die Wahl des Materials betrifft, so bietet sie dem Hersteller volle Freiheit. Nur muß man sich an zwei Grundsätze halten, damit die Puppe ihre Aufgabe gut erfüllen kann: sie muß sicher stehen und sie muß beweglich sein. D. h.: die ganze Puppe muß im Verhältnis zum Sockel sehr leicht sein, sonst kippt sie bei jeder Erschütterung um. Kleid und Haar müssen weich fallen, damit sie auch den geringsten Bewegungen des Führungsstabes nachkommen können.

Die Puppe darf natürlich größer oder kleiner sein als die empfohlenen 20–25 cm. In einem Stück, in dem mehrere Figuren auftreten, ist es sogar erforderlich, daß die Gestalten sich deutlich unterscheiden, auch durch ihre Körpergröße.

Aber eine übertrieben kleine Puppe verliert sehr leicht an Beweglichkeit, eventuell auch an Verständlichkeit für den Zuschauer. Einer zu großen Puppe droht dagegen die Gefahr, daß ihre Ei-

Marionette am Stab, Kopfbezug aus Wolle (Batek & Batek)

genschaften vergröbert und betont werden: die Starrheit ihres Rumpfes z. B., die sonst nicht auffällig ist. Auch kann sich bei zu großen Puppen die temperamentvolle Gestikulation der pendelnden Arme leicht in nichtssagende Schlenker verwandeln. Ebenso ist die Stabilität gefährdet, und man braucht einen größeren Sockel.

Entwurf

Die Marionette am Stab entsteht am besten aus der Improvisation mit dem Material, das vorhanden ist. Sie braucht keinen genauen Entwurf mit allen Einzelheiten. Trotzdem schadet es nicht, eine einfache Skizze zu zeichnen, der man die Maße und die Form der wichtigsten Teile entnehmen kann.
Je mehr Figuren in einem Stück spielen, desto empfehlenswerter sind solche Skizzen. Jede Gestalt sollte durch eine individuelle Form gekennzeichnet werden. Auch wenn bei dieser Art von Puppen eine charakteristische Körperform nicht sehr ausgeprägt werden kann, bieten sich mehrere Varianten an. Ein paar Beispiele zeigen die Bilder 2, 3, 4, 5 und 6.

Bild 2

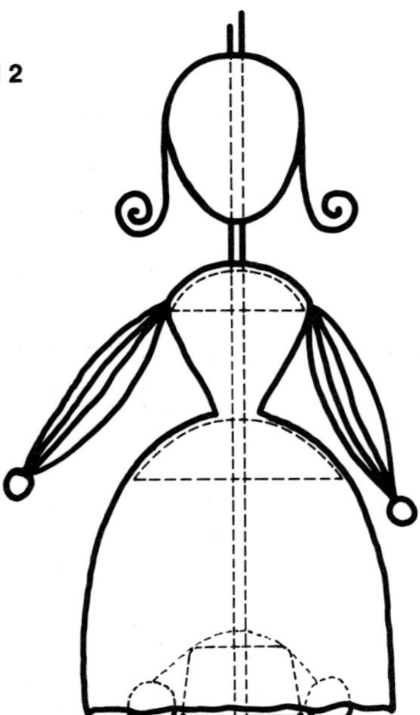

Bild 3

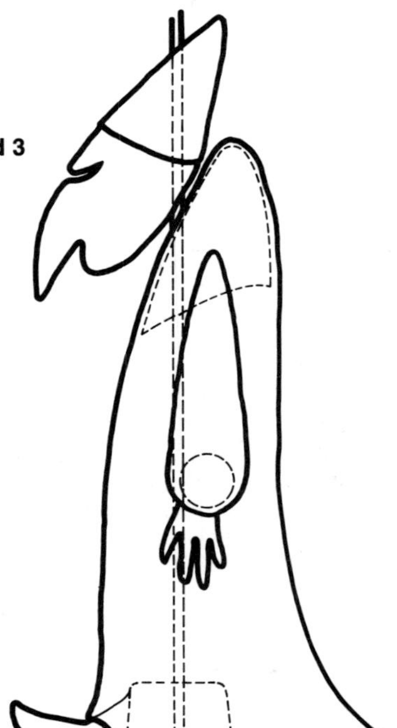

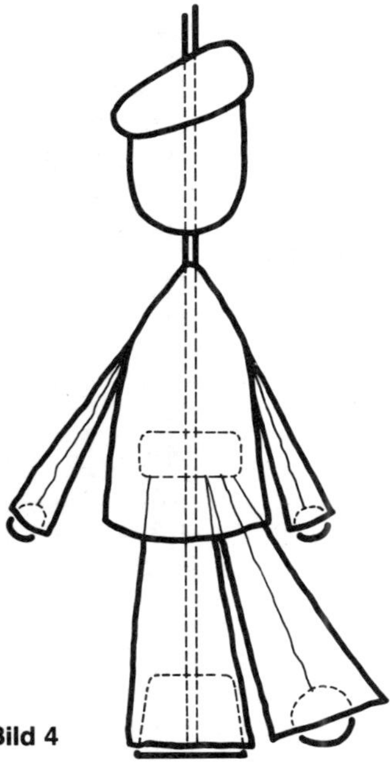
Bild 4

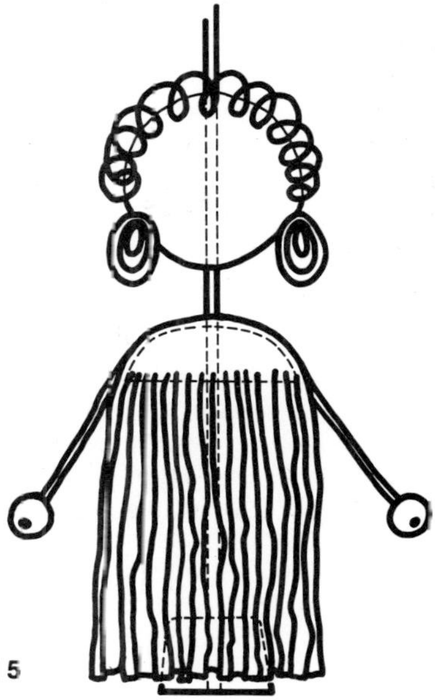
Bild 5

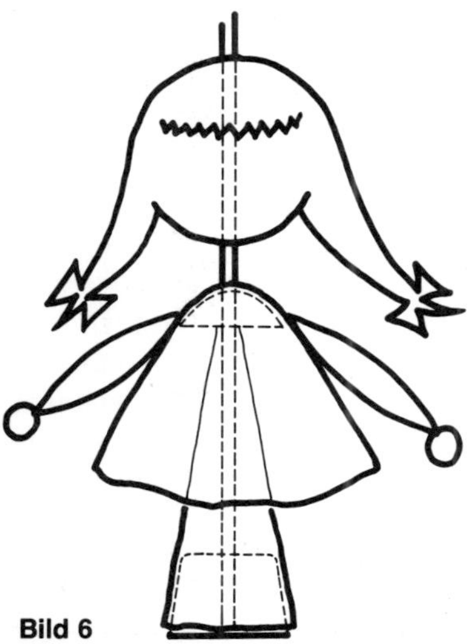
Bild 6

Führungsstab und Sockel

Als Führungsstab für diese Puppen eignet sich ein Rundstäbchen von 5 mm Durchmesser. Dickere Stäbe sind zu schwer. Dünnere brechen leicht. Für einen erwachsenen Spieler, der mit der Puppe am Tisch spielt, ist ein Stab von etwa 40 cm Höhe passend, genauso wie für ein Kind, das die Puppe auf dem Boden führt.

Als Sockel kann man alles verwenden, was schwer genug ist, eine gute Standfläche hat und worin sich das Stäbchen gut einsetzen läßt. Sehr gut bewähren sich die Türpuffer. Nicht die leichten aus PVC, sondern die altmodischen, schweren Puffer aus Gummi. Die

Standfläche muß einen Durchmesser von mindestens 4 cm haben. Manche Türpuffer enthalten einen Blecheinsatz. Dieser muß herausgenommen werden, dann läßt sich das Stäbchen gut befestigen. Da das Loch ein wenig breiter ist als 5 mm, ist es nötig, das untere Ende des Holzstabes zu verdicken, etwa auf 7 mm. Dazu genügt ein Papierstreifen, ca 2–3 cm breit. Man streicht ihn mit Kleber (z. B. Ponal) gut ein und win-

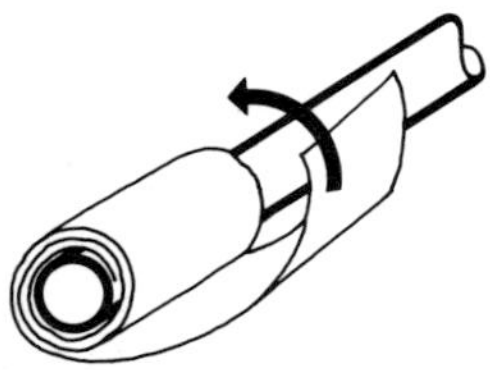

Bild 7

det ihn fest um das Stäbchen (Bild 7). Das Trocknen dauert ziemlich lange, auch wenn ein Schnellkleber verwendet wird, so daß es sich lohnt, die Stäbe gleich zu Anfang der Arbeit zu umwikkeln, damit sie genug Zeit haben, trokken und hart zu werden.
Der Stab darf in dem Puffer weder wacklig sitzen noch unten herausragen. Auch winzige Unebenheiten auf der Standfläche verursachen einen unsicheren Stand der Puppe.
Das obere Ende des Stabes spitzt man gut an, um ein Aufspießen des Kopfes und der anderen Teile der Puppe zu erleichtern.

Kopf

Als Material für den Kopf der Puppe eignet sich am besten Styropor. Es ist leicht, fest genug und läßt sich gut bearbeiten. Man benutzt Messer, Feile, Schmirgelpapier oder einen elektrischen Styroporschneider.
Wer sich die Mühe mit der Bearbeitung des Styropors sparen will, der kann die Köpfe aus fertigen Styroporkugeln, Kegeln oder Ei-Formen machen. Sie sind in verschiedenen Größen in jedem Bastelladen zu kaufen.
Die Oberfläche aus Styropor ist aber ziemlich leicht verwundbar und für Farben nicht gut geeignet. Auch lassen sich die kleinen Gesichtselemente nicht einfach darauf befestigen. Es ist nötig, den Kopf zu beziehen. Für wenig modellierte Köpfe bewähren sich am besten Bezüge aus Trikotin oder einem gut dehnbaren Stoff. Eine andere, ähnlich gute Schicht bekommt man, indem man den Kopf mit Wolle umwindet. Köpfe mit einer ausgeprägten Modellierung, die durch einen Bezug von Wolle oder Stoff verdeckt würde, muß man mit Papier kaschieren.

Bezug des Kopfes mit Trikotin

Man bestreicht den Kopf leicht mit einem geeigneten Kleber und legt ihn in die Mitte eines angemessen großen Stückes Trikotin. Die Zipfel des Trikotin zieht man an der Stelle zusammen, die den Hinterkopf bilden soll. Alle unerwünschten Falten, vor allem im Gesicht, beseitigt man durch Fingerdruck und durch Ziehen. Am Hinterkopf bindet man die Zipfel mit einem festen Faden zusammen, näht sie fest (Bild 8)

Bild 8

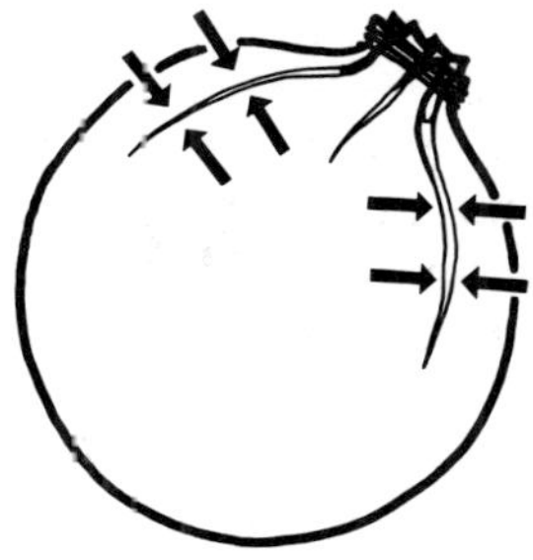

Bild 9

und schneidet dann das Überflüssige ab. Statt Trikotin kann man auch dickere Strümpfe nehmen. Auch Filz ist verwendbar. Er muß vor dem Spannen mit Wasserdampf angefeuchtet werden. Verbliebene Falten werden aufgeschnitten, die Schlitze zusammengepreßt und vorsichtig verklebt (Bild 9).

Bezug aus Wolle

Der Kopf wird mit Kleber bestrichen. Dann wird er mit einem Wollfaden kreuz und quer umwickelt, ähnlich wie beim Aufwickeln eines Knäuels (Bild 10). Dabei muß man nur aufpassen, daß die Fläche des Gesichtes möglichst gleichmäßig bedeckt ist.

Man kann die Wolle auch ganz regelmäßig in einer Spirale winden, von einem Pol des Kopfes zum anderen (Bild 11). Für eine solche Art des Bezuges eignen sich gut dicke Wollfäden.

Um den Kopf besser halten zu können, steckt man ihn an die Spitze des Stäbchens. Man verwendet nur soviel Wolle, wie unbedingt nötig ist. Sonst wird der Kopf zu groß und zu schwer.

Es gibt auch keinen Grund dafür, Wolle oder Stoffe nur in Hautfarbe zu benutzen. Im Gegenteil: Gesichter in den verschiedensten Farbtönen, grün, blau, rot, geben jeder einzelnen Puppe dieser Art einen bestimmten Ausdruck, verdeutlichen ihren Charakter.

Bild 10

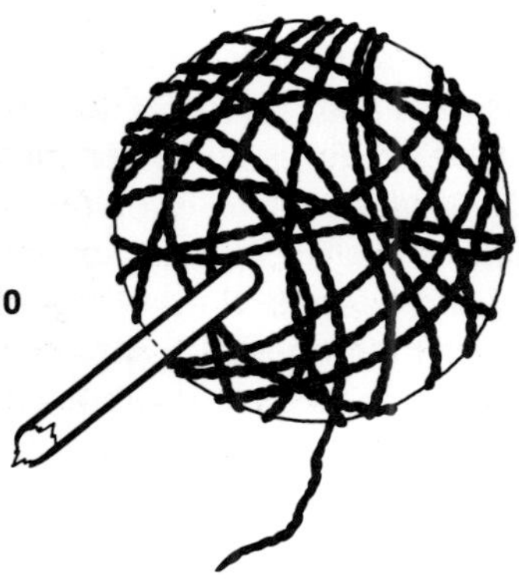

Bild 11

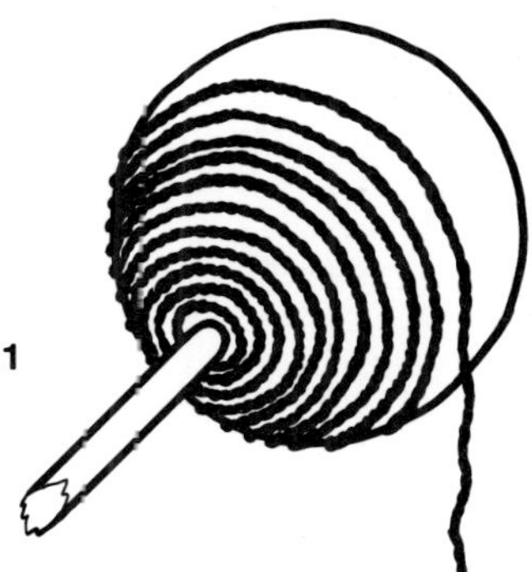

Kaschieren mit Papier

Wie schon gesagt, stark modellierte Köpfe eignen sich nicht dazu, mit Stoff oder mit Wolle bezogen zu werden. Ein Vorschlag für weniger geduldige Puppenschöpfer: Der Styroporkopf wird mit weißem Holzleim dicht bestrichen. Wenn der Leim getrocknet ist, bildet er eine dünne Schutzschicht, die Plakatfarben gut annimmt. Eine schnelle Technik, die aber nicht in jeder Weise zufriedenstellend ist.

Mühseliger, aber viel besser ist es, den Kopf mit Papier zu bekleben. Papierstreifen, etwa 1 cm breit und 5 cm lang, werden mit weißem Holzleim (z. B. Ponal) oder mit Kleister dicht nebeneinander auf das Styropor geklebt (Bild 12). Je sorgfältiger, desto besser. Und mit dem Leim nicht sparen! Die Streifen gut mit den Fingern andrücken und die Luft auspressen. Zwei bis vier Schichten von Streifen genügen.

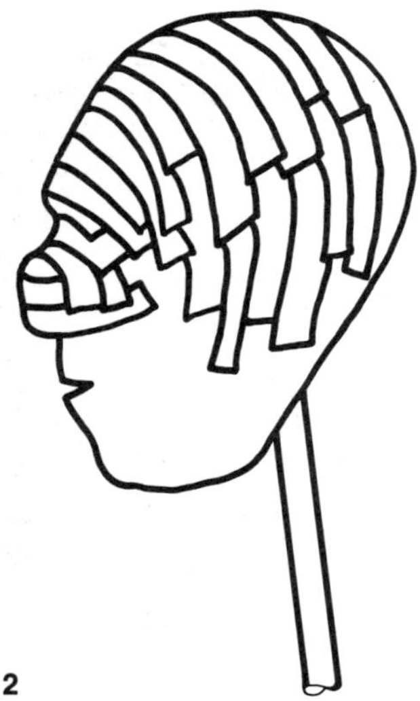

Bild 12

Für das Kaschieren eignet sich jedes minderwertige Papier, zum Beispiel Zeitungspapier. Es muß nur gut saugen. Für kleinere Köpfe ist es besser, ein dünneres Papier zu verwenden, damit die Überlappungen nicht zu sehr auftragen und man nicht zu viel abschleifen muß.

Es lohnt sich, für jede Schicht eine andere Papierfarbe zu nehmen. Man sieht dann sofort, welche Stelle schon beklebt ist, und die Kaschierung wird gleichmäßig.

Wenn die Kaschierung gut getrocknet ist, schleift man den Kopf mit feinem Schmirgelpapier glatt.

Gesicht und Haar

An den Köpfen, die aus Kugeln oder ähnlich einfachen Formen hergestellt sind, befestigt man die Details des Gesichtes, d. h. Augen, Nase, das Haar, eventuell Mund und Ohren zusätzlich. Dazu eignen sich Knöpfe, farbige Holzperlen, Filz, Schaumstoff und ähnliches.

Es ist sehr wichtig, daß diese Details dreidimensional sind, damit sie die fehlende Modellation des Gesichtes ersetzen. Ein Gesicht, das nur gemalt oder flach erarbeitet ist, kann nur von vorne wirken. Aber wenn sich die Puppe im Profil zeigt, ist ihr Ausdruck verschwunden.

Als Haare dienen Fellreste, Wolle, Filz- oder Stoffstreifen ebenso wie verschiedene Kunstfasern. Struppiges Haar können in den Kopf gesteckte Streichhölzer andeuten. Soll die Puppe einen Hut oder eine andere Kopfbedeckung tragen, braucht man nur soviel Haar wie herausstehen soll.

Die Details werden an den Kopf genäht oder geklebt. Holzperlen, die sich nicht gut ankleben lassen, kann man mit einem Splitter (Zahnstocher, Streichholz) im Styropor befestigen (Bild 13).
Für eine Puppe, die langes und reiches Haar haben soll, ist es nötig, eine richtige Perücke zu machen. Quer auf ein Stoffband oder einen Filzstreifen (etwa 1 cm breit und der Größe des Kopfes entsprechend lang) wird regelmäßig Wolle oder Trikotstreifen gelegt und festgenäht (Bild 14). Das Stoffband wird dann auf dem Kopf angeklebt, die Haare zugeschnitten, Zöpfe geflochten oder anders frisiert (Bild 15).
Manche Gesichter brauchen weder Ohren noch Mund. Ein auffallender Mund, der das Gesicht zur Grimasse macht, kann sogar ein Hindernis beim Spiel bilden: er ändert sich nicht, weder wenn die Puppe weint, noch wenn sie lacht. Der riesige Mund des Clowns ist gerade die Ausnahme, die die Regel bestätigt.

Bild 13

Das, was den Ausdruck im Gesicht der Puppe am meisten beeinflußt, sind die Augen, ihre Form, die Größe, ihr Abstand, sowie die Entfernung zur Nase, dem dritten wichtigen Punkt in diesem Dreieck.
Eine große Nase, eine auffällige Brille oder ein mächtiger Vollbart können alle anderen Gesichtsteile völlig unwichtig, ja sogar unnötig machen.

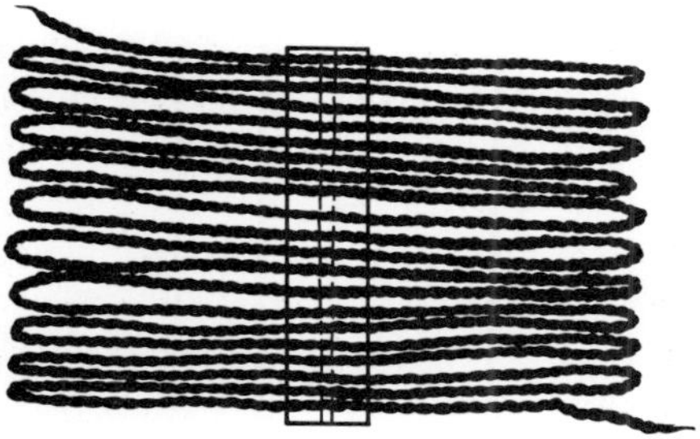

Bild 14

Bild 15

Schultern

Nicht jede Puppe muß unbedingt Schultern haben. Man kann das Kleid auch direkt an dem Stab befestigen, wobei man ein Stück als Hals freiläßt. Im allgemeinen sind die Schultern aber notwendig, um die Körperbreite der Puppe zu bestimmen.

Die Schultern werden aus Kork, Styropor oder am besten aus Schaumstoff angefertigt. Schaumstoff ist leicht und in diesen Ausmaßen auch ausreichend stabil. Für eine „normale" Gestalt genügt ein Stück Schaumstoff von etwa 2–3 cm Dicke und Höhe, etwa 4–5 cm lang. Das Stück wird mit der Schere in die gewünschte Form geschnitten und an den Stab gesteckt und geklebt.

Kostüm

Marionetten am Stab bekleidet man frei nach Phantasie. Bestimmte Muster und Schnitte gibt es für sie nicht. Man bleibt bei Andeutungen. Um so mehr, als das Kleid beweglicher und geschmeidiger bleibt, je weniger man daran näht.

In der einfachsten Ausführung ist es ein genügend großer Kreis oder ein Rechteck, in der Mitte mit einem Schlitz versehen und über den Schultern angeklebt, so daß es frei nach allen Seiten hinunterfällt. In passender Länge zugeschnitten, sollte man auf das Säumen verzichten, damit der untere Rand nicht steif wird. Zu einem Kostüm können wir auch schmale Streifen oder Fransen verwenden, die an die Schulter angenäht oder angeklebt werden. Dazu eignen sich auch Filz- oder Lederstreifen, Materialien also, die sonst zu steif sind (Bild 5).

Für die Bekleidung der männlichen Figuren eignet sich gut eine Art von Over-

Bild 16

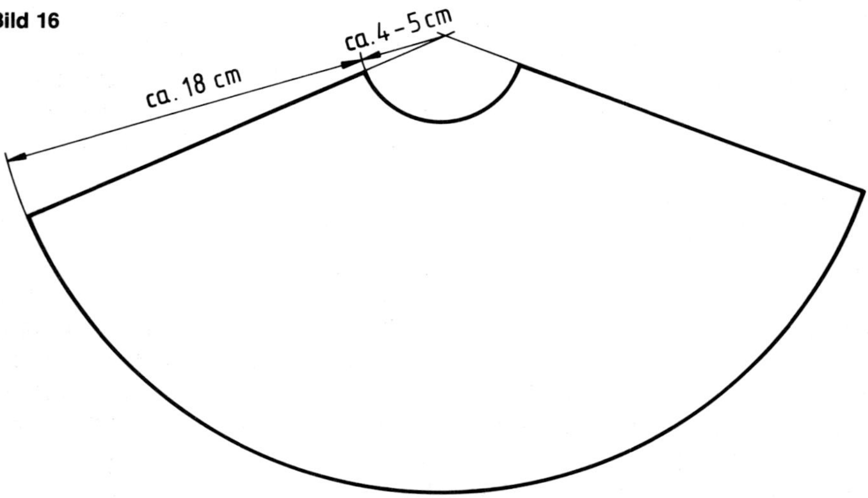

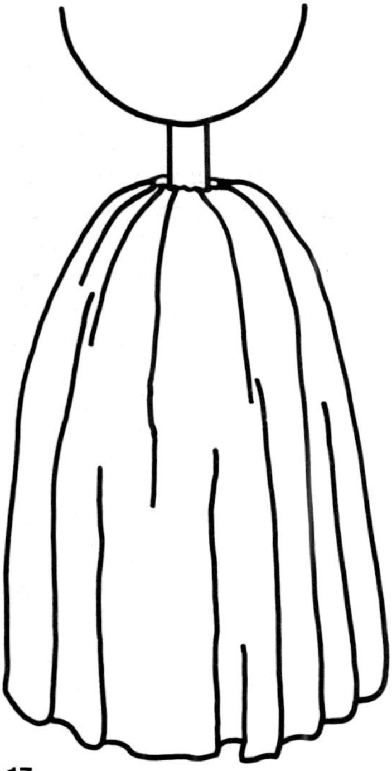

Bild 17

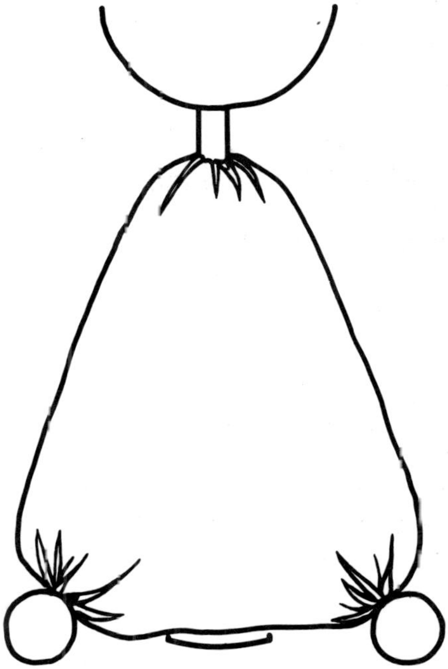

Bild 18

all. Ein Kreisausschnitt (Bild 16) wird zusammengenäht. Es entsteht ein Trichter, der unten breit und oben schmal ist. Das kann einen langen Mantel oder ein Damenkleid darstellen (Bild 17). Zieht man aber den unteren Trichterrand rechts und links zusammen, so entsteht ein hosenähnliches Gebilde (Bild 18). An die zusammengezogenen Enden näht man dann die Holzperlen als Füße an. Dazwischen muß genug Raum für den Sockel bleiben, ebenso Spielraum für die freie Bewegung der Füße.

Unten darf das Kleid nur bis zum Boden reichen. Wenn es unten aufstößt, behindert es die Puppe beim Stehen. Überflüssiger Stoff wird abgeschnitten, oder noch besser, man klebt ihn vorn und hinten an den Sockel an.

Leere Hosen, mit Holzperlen als Füße, hängen manchmal schlaff herab. Man kann den Hosen richtige Form geben, wenn man sie mit einem kleinen Büschel „aufgelockerter" Wolle füttert.

Arme und Hände

Eine Puppe mit faltenreichem Kleid braucht möglicherweise überhaupt keine Arme. Man kann aber Hände (aus Schaumstoff oder doppeltem Filz) direkt an den Stoff des Kostüms kleben. Das sieht dann so aus, als ob die Puppe ihre Hände aus einem ärmellosen Umhang herausstreckt (Bild 19).

Bild 19

Die Hemden im Kimonoschnitt oder auch mit angesetzten Ärmeln sind nur dann beweglich genug, wenn man sie aus einem ganz weichen Stoff macht. Meistens aber ist es günstiger, die Arme als selbständige Teile an die Schultern anzuhängen. Das wären dann zwei nicht zu enge Röhrchen, die oben zusammengezogen sind.
Der Ärmel kann unten offen oder geschlossen sein. Die Holzperle, die die Hand bildet, kann entweder direkt an dem Ärmel befestigt werden oder an einem Schnürchen, das durch den Ärmel gezogen ist. Eventuell kann man zusätzlich eine Hand aus Schaumstoff oder Filz ankleben oder annähen. Man kann den Arm auch durch eine weiche Schnur oder einen Strang Wolle ersetzen. Nur muß er immer gut beweglich sein. Deshalb soll man ihn immer nur an einem Punkt und locker an der Schulter befestigen (Bilder 2–6).

Beine und Füße

Wenn eine Puppe richtige Hosen anhaben soll, so ist es nicht empfehlenswert, den Führungsstab zwischen den Hosenbeinen hindurchzuführen.
Ein lustiger Effekt ist dadurch zu erzielen, daß man den Stab durch ein Hosenbein führt und in den Sockel steckt. Dieses Bein bleibt dann steif. Das andere aber hängt frei beweglich daneben. Dazu braucht die Hose auch noch Hüften aus Schaumstoff oder Kork, die in passender Höhe an dem Führungsstab befestigt werden (Bild 4).
Bei Puppen, die Röcke oder lange Mäntel tragen, an denen man die Holzperlenfüße nicht befestigen kann, lassen sich die „Schuhe“ an zwei kurzen Schnüren ganz tief unten an den Stab hängen (Bild 2).
Manche Puppenfiguren sollen große, auffällige Schuhe tragen: richtige Siebenmeilenstiefel. Solche Art von Schuhen werden direkt am Sockel befestigt. Sie können aus Schaumstoff oder Filz angefertigt sein. Sie müssen so groß sein, daß sie unter dem Kleid herausragen. Das vergrößert die Standfläche der Puppe, und damit wird auch ihre Stabilität verbessert (Bild 3).

Zusammenbau

Wenn alle Teile der Puppe fertig sind, stellt man die Puppe zusammen, indem man die einzelnen Teile an den Führungsstab klebt. Ist das verstärkte Ende des Stabes schon hart und trocken, setzt man ihn in den Türpuffer ein. Er soll möglichst stramm sitzen.

Von der anderen Seite her steckt man die Hüften (wenn sie da sind), die Schultern, das Kleid und den Kopf an den Stab, und schließlich den Stöpsel als Abschluß. Er bildet den Griff. An den jeweiligen Stellen wird der Stab mit Kleber bestrichen, die einzelnen Teile kann man dann nach und nach befestigen. Der Hals kann angemalt oder mit dem gleichen Material wie für den Kopf bezogen werden.

Eine Erleichterung für den Spieler bei der Steuerung der Puppe ist der Griff, der entweder in Blickrichtung der Puppe oder im rechten Winkel dazu angebracht sein sollte.

Damit das rohe Holz des Stabes, des Griffes oder der Haltekorken nicht zu der Farbigkeit der Puppe in störendem Kontrast steht, empfiehlt es sich, diese in passendem Farbton anzumalen.

Tierfiguren an zwei Stäben

Die Konstruktion der tierischen Figuren ist fast die gleiche wie die der menschlichen. Allerdings ist bei größeren Tieren die Führung an zwei Stäben günstiger.

Ein Beispiel bringt das Bild 20. Die Stäbe sind wieder in Türpuffer eingesetzt. Schulter und Hüften bilden zwei Flaschenkorken, weil diese stabiler als Schaumstoff sind. Die Korken werden quer an den Stäben befestigt, damit das Tier einen breiteren Körper hat.

Vorder- und Hinterbeine sind trichterartige Gebilde aus Stoff, die als eine Art Hose die Stäbe und den Sockel bedecken.

Der Körper des Tieres wird geformt, indem man ein Stück Stoff wie eine Dekke um Schulter und Hüften legt, gut anklebt und vorn und hinten zusammennäht. Am Bauch läßt man die Decke lieber offen, um die Bewegungsfähigkeit der Puppe nicht zu mindern.

Der Hals aus sehr weichem Schaumstoff ist an die Schulter und die Decke angeklebt. Der Kopf aus Schaumstoff oder Styropor wird in richtiger Neigung am Halse angebracht. Augen, Hörner, Mähne, Schwanz und alle anderen Details, die für das Tier charakteristisch sind, fertigt man aus ähnlichen Materialien an wie die menschlichen Gesichter.

Bei Tierpuppen gibt es mehr verschiedenartige Formen als bei menschlichen Puppen. Bei einem Tier mit großem und schwerem Kopf ist es eventuell nötig, den Führungsstab durch Kopf und Hals zu führen, anstatt durch die Schulter, damit die Puppe nicht nach vorne kippt

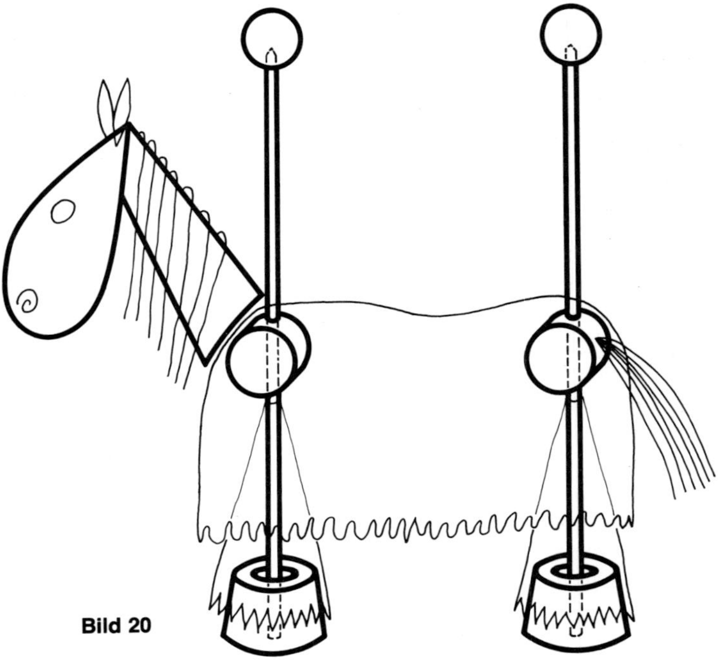

Bild 20

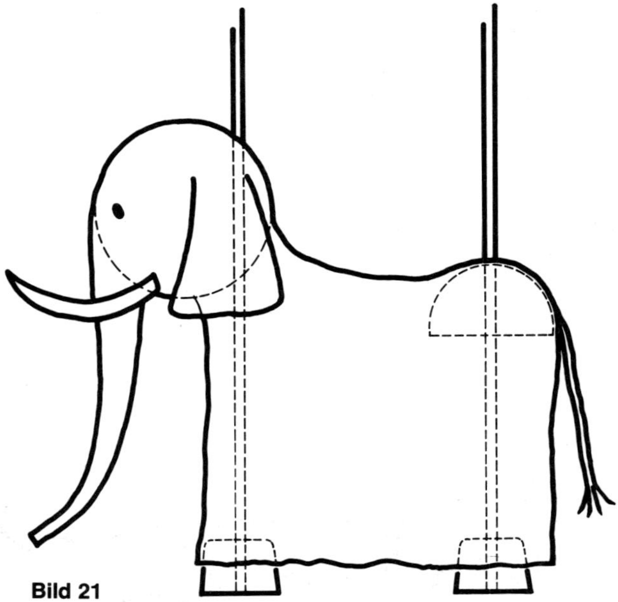

Bild 21

(Bild 21). Bei kriechenden Tieren oder Tieren mit kurzen Beinen kann man die Sockel im Körper verstecken oder mit Beinen aus Schaumstoff oder Filz maskieren (Bild 22).

Bei Tierkörpern verwendet man auch dickere Gewebe. Gut geeignet ist zum Beispiel Strickstoff. Man kann die Teile selbst stricken oder aus einem alten Pulli schneiden. Auch gibt es echte oder imitierte Felle, die weich genug sind.

Marionette an zwei Stäben (Batek & Batek)

Damit ein Pferd mit seinen Hufen klappern kann, sollte man die Sockel mit runden, dünnen Sperrholzplatten unterlegen.

Bild 22

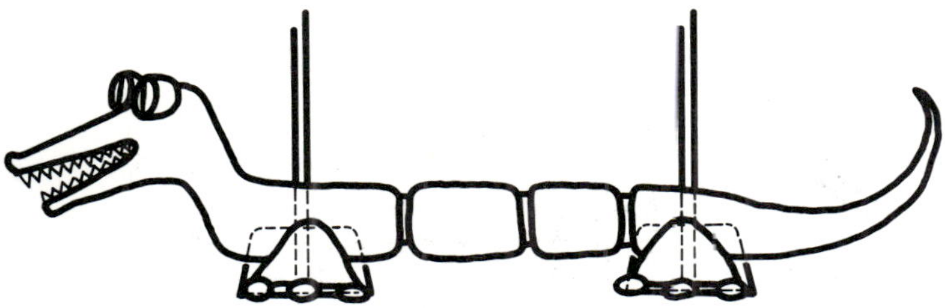

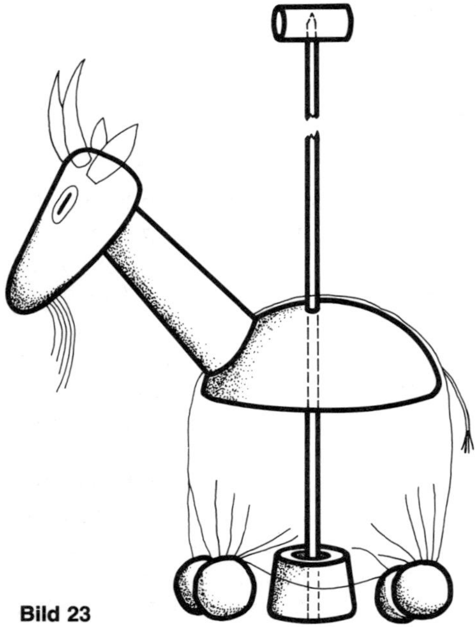
Bild 23

Tierpuppen auf einem Stab

Die Repräsentanten der gefiederten Welt, Hühner, Störche, Papageien u. a. brauchen üblicherweise nur einen Führungsstab. Aber auch kleine Vierfüßler sind mit nur einem Stab gut spielbar. Vorschlag für eine Konstruktion zeigt das Bild 23.

Der „Rumpf" ist aus Schaumstoff geschnitten und auf den Stab geklebt. Eine viereckige Decke bildet den Körper. Sie wird mit einem Loch für den Stab von oben auf den Schaumstoff gelegt, so daß die vier Zipfel auf den Boden fallen. An ihnen sind die Holzperlen befestigt.

Hals und Kopf sind aus Schaumstoff.

Korrekturen

Mängel oder besonders gute Eigenschaften einer Puppe, die gerade eben fertig geworden ist, zeigen sich oft bei den ersten Schritt-Versuchen. Es ist nicht ausgeschlossen, daß ein vermutlicher Mangel sich als Vorteil erweist und der Puppe einen persönlichen und ausdrucksvollen Zug verleiht.

Öfter aber muß man Mängel beseitigen, vor allem eine schlechte Stabilität, oder eine geringe Beweglichkeit.

Eine Puppe, die umkippt, auch wenn die Standfläche des Sockels gerade und sauber ist und der Stab im Sockel fest sitzt, ist zu schwer. Man muß den Sockel mit Bleischnur beschweren, die man in der Vertiefung des Sockels befestigt.

Ist eine Puppe zu unbeweglich, so ist es nicht gleich nötig, ihr ein neues Kleid zu machen. Ein Schal, große Ohrringe und alles was flattert und zittert kann Bewegung bringen.

Zu steife Hälse von Tieren werden weicher, wenn man sie aushöhlt (Bild 24).

Bild 24

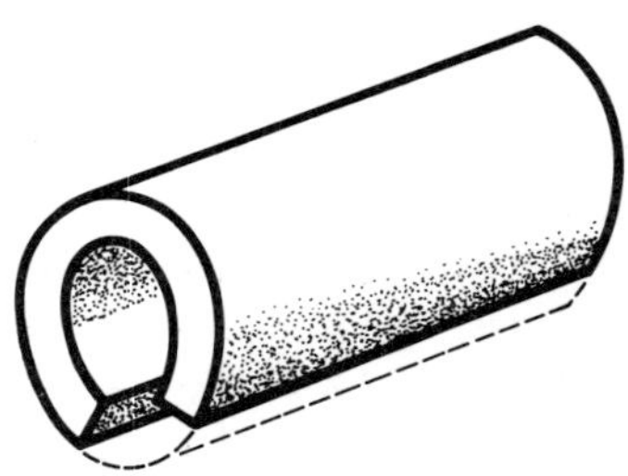

Zu lange oder zu kurze, zu hoch oder zu tief angehängte Arme sind die häufigsten Fehler, ebenso zu kurze Hälse, die eine Puppe plump erscheinen lassen.

Die kleine Marionette am Draht

Die Marionette am Draht gehört zu den ältesten klassischen Puppenarten. Sie war schon bei den Griechen und Römern bekannt, wie die Erwähnung in der Literatur (Plutarch, Xenophon, Platon u. a.) beweist.

Man glaubt, daß auch die gegliederten Puppen, die aus den Zeiten des alten Rom erhalten sind, kein Spielzeug, sondern Theatermarionetten waren. Wahrscheinlich waren sie in ihrer Konstruktion und Spieltechnik denjenigen Marionetten ähnlich, die seit vielen Jahrhunderten bis heute in den sizilianischen und belgischen Puppenspielen die Helden aus den Sagen um Karl den Großen darstellen. Auch die Bühne der tschechischen Puppenspieler wurde lange Zeit von der Marionette am Draht beherrscht. Sie bildete den Anfang der Tradition des tschechischen Puppentheaters.

Diese traditionellen Marionetten am Draht sind manchmal mehr als 100 cm große, aus Holz geschnitzte, schwere Figuren. Die belgischen Marionetten hängen meistens beweglich am Draht, mit einer Öse, die am Scheitel des Kopfes der Puppe befestigt ist. Arme und Beine sind gegliedert. Während die Beine frei pendeln, werden die Arme an Fäden oder an Eisendrähten geführt. Bei der tschechischen Variante geht der Draht durch den Kopf in den Körper der Puppe. Sie ist an dem Draht unbeweglich befestigt. Arme und Beine, manchmal auch der Unterkiefer der Puppe, werden mit Fäden geführt.

Neben den großen Figuren, die vor allem für die Bühnen der Berufspuppenspieler bestimmt waren, bewährte sich eine verkleinerte Art der Marionette am Draht, besonders in den kleinen, sogenannten Familienpuppentheatern. Vom Ende des 19. Jahrhunderts bis zu der Zeit, wo das Puppenspiel in der Familie vom Fernsehgerät verdrängt wurde, hat diese verkleinerte Abwandlung der Marionette am Draht in Böhmen ihre große Zeit gehabt. In den verschiedenartigsten Ausführungen und Größen, mit vorgedruckten Kulissen nach den Entwürfen berühmter Künstler, und mit einem riesigen Vorrat an Spieltexten, diente die kleine Marionette zur Unterhaltung der Kinder und Erwachsenen im Familienkreis.

Aber auch im heutigen Puppentheater konkurriert die Marionette am Draht erfolgreich gegen andere, oft technisch raffinierter konstruierte Puppen. Im Vergleich zur Marionette an Fäden ist sie um die Kopfneigung ärmer. Ebenso hat sie kein Gelenk in der Taille, was die Führung dieser Puppe nur schwierig machen würde.

Die steife Haltung des Körpers gibt der Puppe aber einen würdigen Ausdruck, vor allem bei den großen Figuren. Bei den kleinen Marionetten der Familienbühne, die etwa 15 bis 25 cm groß sind, ist die Starrheit des Rumpfes und die

Unbeweglichkeit des Kopfes kaum zu bemerken.
Die Beschränkung der Bewegungsmöglichkeiten bei der Marionette am Draht ist durch die Vorteile ausgeglichen, die nur die technisch unkomplizierte Puppe haben kann: sie reagiert unmittelbar auf jede Bewegung des Spielers. Auf einem festen Führungsstab gehalten kommt sie in keine Pendelbewegung, nicht einmal bei einem Sprung oder einer temperamentvollen Geste, wie es bei der Marionette an Fäden leicht passiert. Rasche Bewegungen, ein wilder Lauf oder ein leidenschaftlicher Tanz, machen keine Schwierigkeiten beim Spiel der Puppe, die bei sparsamer Gestikulation ruhig und ernst wirkt.
Die Marionette am Draht stellt nicht so große Ansprüche an die technische Gewandtheit des Spielers wie ihre Schwester, die Fadenmarionette. Sie begnügt sich mit vier oder sogar nur mit zwei Fäden, um „normale" Spielhandlungen durchzuführen. Wenn nötig, kann man sie auch nur mit einer Hand halten. Für einen etwas erfahrenen Puppenspieler ist es gar nicht schwierig, mit zwei Puppen gleichzeitig zu spielen.
Die Marionette am Draht ist also die ideale Puppenart für den Amateurspieler. Allerdings ist sie nicht für bravouröse Soloauftritte geeignet, sondern für das Ensemblespiel. Sie bewährt sich ebenso in einer Groteske wie in einem pathetischen Stück.
Auch ihre Anfertigung ist nicht so schwer, als daß nicht auch junge Puppenbauer sich daran wagen könnten, z. B. die Mitglieder einer Schulbühne. Man kann sich bei dieser Puppe auch die gewagtesten Disproportionen im Körperbau leisten, wie es bei der Marionette an Fäden nicht möglich ist. Denn sie unterliegt nicht – wie die Fadenmarionette – den strengen Gesetzen des Gleichgewichtes.
Die Marionette am Draht kann ohne weiteres auf einer „offenen" Bühne spielen, auf einem Tisch, genau wie die Marionette am Stab. Sie ist aber auch für ein „richtiges" Theater geeignet, für ein Theater mit Kulissen, mit einem Vorhang und mit Beleuchtungseffekten.

Kleine Marionette am Draht (Batek & Batek)

Werkzeug und Material

Ausrüstung:
Scharfes Messer
Schere
Laubsäge oder feine Holzsäge
Kombizange
Feines und grobes Schmirgelpapier
Nähausrüstung (eventuell Nähmaschine)
2–3 feine Malpinsel (etwa Größe 6)
Spachtel (auch improvisierte) zum Modellieren
Bohrer (es muß nicht unbedingt eine elektrische Bohrmaschine sein)
Holzraspel und Feile
Hammer
Schraubstock

Material:
Plakatfarben
Alleskleber (z. B. Pritt-Alles-Klebe-Creme), Kleber für Styropor (z. B. Ponal express), Kontaktkleber (z. B. Pattex)
Ein Päckchen Modelliermasse
Ein Stück Styropor oder eine Styroporkugel (ein wenig kleiner als der beabsichtigte Kopf)
Eisen-Schweißdraht ∅ 3 mm, 100 cm lang
2 Stücke Schaumstoff, ca. 2–3 cm dick und dem Körper der Puppe entsprechend groß
Eine weiche runde Schnur (Schuhband), ca. 20 cm lang, für die Oberarme
Stoffband oder Gummiband, ca. 1,5–2 cm breit, ca. 20 cm lang, für die Oberschenkel
Bindedraht ∅ 0,5–1 mm und ca. 40 cm lang (oder 4 Briefklammern) für die Ösen
Festes Nähgarn oder Nylonfaden (∅ ca. 0,25 mm) für die Führungsfäden
Holz für das Führungskreuz:
Runddübel 5 cm lang ∅ 1,5–2 cm und Sperrholz 5–7 mm, ca 4 × 15 cm groß
Stoffe für das Kostüm
Eventuell weitere Materialien gemäß dem Bauplan (für Haare, einen Helm, eine Krone etc.)

Konstruktion und Entwurf

Während die Marionette am Stab aus einem plötzlichen Einfall ganz improvisiert entstehen kann, bedarf es bei der Marionette am Draht neben einer glücklichen Idee auch der nüchternen Überlegung und einer gründlicheren Vorbereitung.

Es genügt nicht nur zu wissen, was für einen Typ die Puppe darstellen soll: einen Lausbub etwa, oder einen jovialen König, eine schöne Prinzessin oder eine böse Hexe. Man muß auch rechtzeitig daran denken, wie man die Puppe anziehen will, welche Aufgaben sie im Spiel erfüllen und mit welchen Requisiten sie umgehen soll.

Das alles kann nämlich nicht nur das Aussehen der Puppe, sondern auch ihre Konstruktion bestimmen. Die Puppe, die einen Ritter im Panzer darstellt, darf nicht weich und leicht beweglich sein wie etwa ein Clown. Eine Puppe, die sich nur mit Kopf und Schultern in einem Fenster zeigt, braucht nicht mehr, als gerade den Kopf und die Schulter. Soll sie einen Stock in der Hand halten, so muß die Hand dafür modelliert werden.

Da ist also ein Entwurf sehr empfehlenswert. Er dient als Vorlage für die Anfertigung der Puppe. Man soll aus dem Bild alles über das Aussehen der Puppe ablesen können, ebenso die notwendige Information über das Material und die Konstruktion erhalten.

Für weniger erfahrene Zeichner ist es keine leichte Aufgabe, ihre Vorstellung zweidimensional auf das Papier zu bringen. Ebenso schwer ist es dann für den wenig erfahrenen Bildhauer, nach einem Bild zum Beispiel einen Kopf zu modellieren. So ist es ratsam, statt einen ins Detail gehenden Entwurf auszuführen, sich auf die Umrißzeichnung

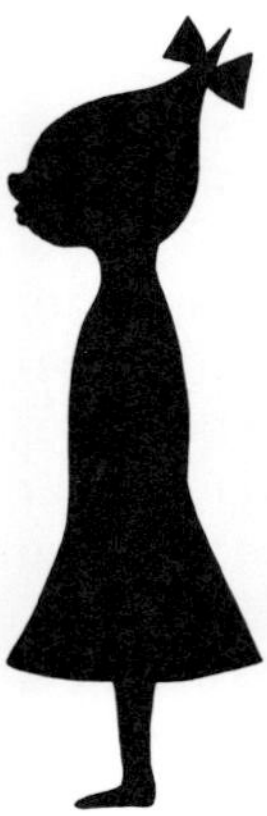
Bild 25

Bild 26

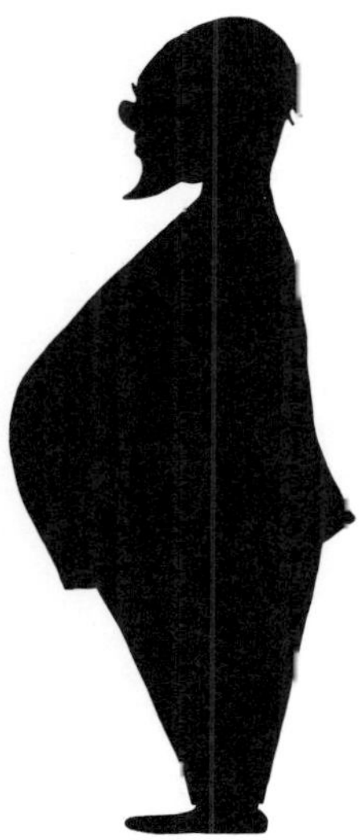
Bild 27

Bild 28

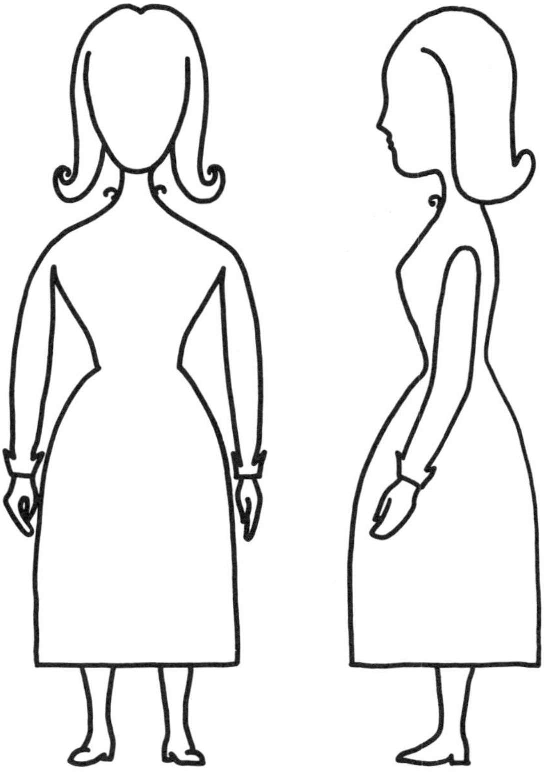

Bild 29

zu beschränken. Ein Entwurf, der die Erarbeitung des Bauplanes ermöglichen soll, muß in zwei Zeichnungen die Frontal- und die Seitenansicht der Figur zeigen. Und zwar in der Original-Größe der Puppe (Bild 29). Für ein „Familienpuppentheater" sind Puppen in etwa 20–25 cm Größe am besten geeignet. Dieser Größe entsprechen auch Bauart und Materialien für das folgende Beispiel.

Bauplan

Der Bauplan wird in die beiden Ansichten eingetragen (Bild 30). Er zeigt, aus welchen Teilen die Puppe besteht, wo sie gegliedert ist, und welches Material für die einzelnen Teile verwendet wird. Die geplante Puppe soll z. B. voll bekleidet werden. Sie hat keine besonderen Aufgaben zu erfüllen. Sie soll nur gehen, stehen, sitzen können und eventuell ein kleines Requisit tragen.
Der Kopf wird, zusammen mit dem Hals, über einem Styroporkern modelliert. Auch die Unterarme mit den Händen und die Unterschenkel mit den Fü-

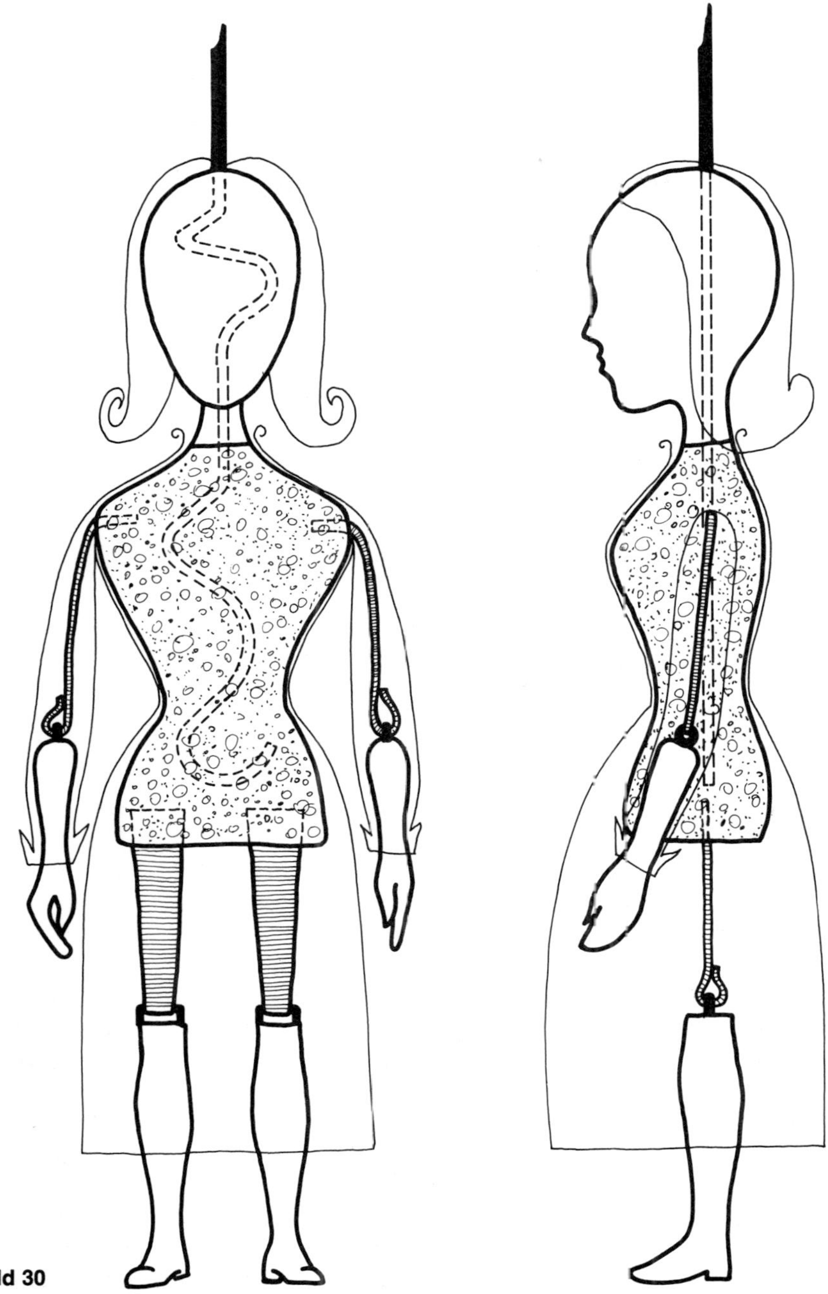

Bild 30

ßen werden modelliert. Die Oberarme und die Oberschenkel werden durch Stoffbänder ersetzt. Der Körper wird aus Schaumstoff zugeschnitten.
Da Arme und Beine der Puppe geführt werden sollen, wird dazu ein geeignetes Führungskreuz benötigt.
Dem Bauplan kann man also entnehmen, welche Materialien und damit welches Werkzeug benötigt wird.

Silhouette der Puppe

Die Gesichtszüge einer nur wenige Zentimeter großen Puppe verlieren schon aus geringer Entfernung an Wirksamkeit des Ausdruckes. Da soll also der Umriß der Gestalt, ihre Silhouette dem Ausdruck zu Hilfe kommen. Die Silhouette der Puppe ist es, die, neben der farblichen Gestaltung (vor allem des Kostüms) der Puppe den Ausdruck verleiht und sie für den Zuschauer verständlich macht (Bilder 25, 26, 27, 28).

Reihenfolge der Arbeiten

Ähnlich wie bei der Marionette am Stab lohnt es sich, zunächst alle Teile einzeln fertig zu machen. Dann befestigt man den Rumpf und den Kopf am Führungsdraht, bindet die Glieder an und rüstet die Puppe mit dem Führungskreuz aus. Man probiert nun die Spielfähigkeit der Puppe aus, nachdem man sie probeweise aufgeschnürt hat. Danach malt man die Puppe an und bekleidet sie mit dem Kostüm. Jetzt erst wird die Puppe definitiv aufgeschnürt.
Ein genauer Bauplan ermöglicht es, mit irgendeinem Teil der Puppe nach Belieben anzufangen. Am besten beginnt man jedoch mit dem Kopf. Mit seiner endgültigen Form entscheidet sich auch die der ganzen Puppe und die Proportionierung ihrer Teile bei einer eventuellen Abweichung von der ursprünglichen Vorstellung.

Kopf

Der Kopf hat einen Kern aus Styropor und wird mit dem Hals aus Modelliermasse geformt. Ein Kern, der in groben Zügen schon die Form des Kopfes hat, bedarf dann nur noch einer dünnen Schicht der Modelliermasse und trocknet wesentlich schneller als ein massiv modellierter Kopf.
Selbstverständlich kann man den Kopf auch aus anderen Materialien anfertigen: man kann ihn aus Schaumstoff schneiden oder, in altbewährter Manier, aus Watte modellieren. Man kann einen Kopf auch aus Pappkugeln oder Kunststoffresten machen, ihn aus Holz schnitzen oder drechseln. Als Schnitzholz ist u. a. Kiefer und Linde zu verwenden.
Manchmal bestimmt nicht nur die schöpferische Absicht, sondern die Vorliebe für ein bestimmtes Material den Werkstoff, aus dem man einen Puppenkopf herstellt. Man muß nur aufpassen, denn bei manchen Werkstoffen ist es schwierig, sie am Führungsdraht zu befestigen.

Arme und Beine

Auch Unterarme und Unterschenkel werden aus Knetmasse modelliert. Aus Bindedraht (oder Briefklammern) biegt man die Ösen zum Anhängen der Glieder. Für die Arme sollen die Ösen möglichst rund sein und so groß, daß man die Schnur gut durchziehen kann (Bild 31).

Dagegen müssen die Ösen für die Beine eckig und so breit sein, wie das Stoffband (1,5–2 cm), damit die Beine keinen Spielraum für etwaige Seitenbewegungen haben (Bild 32).

Die Enden der Drähte biegt man um, damit sie gut in der Modelliermasse halten. Die Drähte werden tief in die Glieder hineingesteckt, so daß nur die Ösen herausschauen. Bei sehr dünnen Gliedern kann dieser Draht als Haltekern dienen.

Wie es die Bilder zeigen, stehen die Drahtösen an den Ellbogen in gleicher Richtung mit den Handflächen, und die Ösen in den Knien stehen im rechten Winkel zur Achse der Fußsohlen. Eine falsche Stellung der Ösen hat zur Folge, daß sich die Arme im Ellbogen nicht richtig anwinkeln und daß die Beine schief hängen. Die Ösen an den Ellbogen kann man unter Umständen später noch verbessern, eine Korrektur der falsch hängenden Beine ist schon umständlicher.

Beim Modellieren der Arme und Beine darf man nicht vergessen, daß es die Ösen sind, welche die Länge der Arme und Beine bestimmen und nicht die modellierten Formen selbst. Bei den kleinen Puppen kann eine Verlängerung der Glieder durch die Ösen die Proportionen, vor allem die der Arme, unerwünscht verändern.

Die Beine müssen so lang sein, daß sich das Knie (d. h. die Öse) in der gewünschten Höhe abzeichnet. Der Schuh der Puppe kann ruhig kleiner sein als er im Verhältnis sein müßte. Fehler beim Gehen werden dann weniger auffallen.

Gemäß dem Gravitationsgesetz zielt eine große und schwere Spitze des Schuhes zum Mittelpunkt der Erde und biegt so das freihängende Bein: die Puppe stolpert beim Gehen. Soll eine Puppe Siebenmeilenstiefel haben, muß man

Bild 31

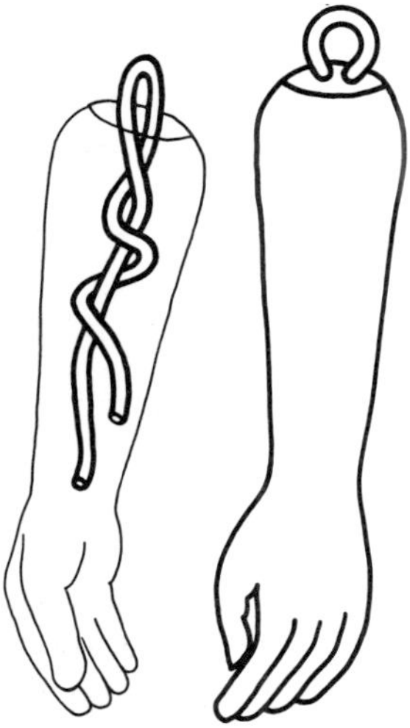

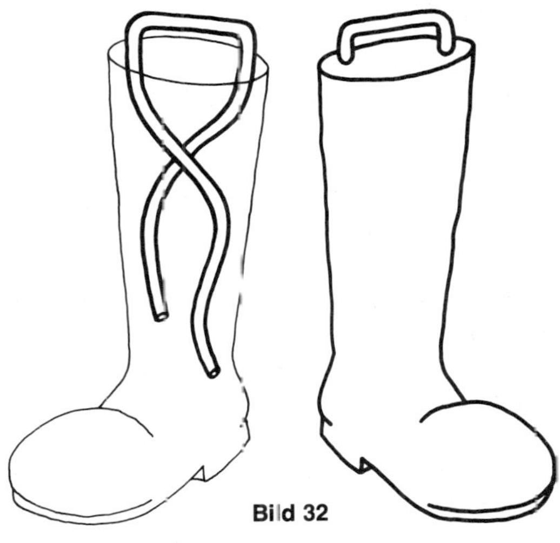

Bild 32

Bild 34

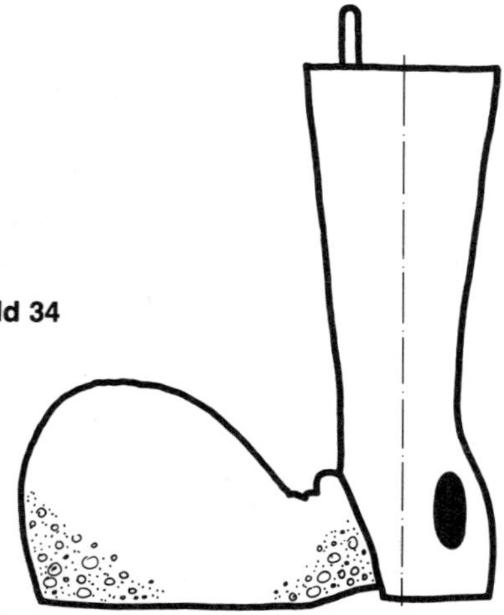

das Gewicht auf beiden Seiten des Aufhängepunktes ausgleichen. Zu diesem Zweck setzt man die Drahtöse nicht in die Achse des Unterschenkels, sondern mehr nach vorne, in Richtung der Schuhspitze. Diese sollte so leicht wie möglich sein, z. B. aus Schaumstoff zugeschnitten. Erreicht man damit keine Balance, so hilft ein in die Ferse gestecktes Stück Blei (Bild 34).

Form der Hände

Soweit die Ausprägung der Hand in kleinen Ausmaßen überhaupt sichtbar werden kann, soll die Form der Hände möglichst dem Charakter der Puppengestalt entsprechen. Wenn Hände nicht geradezu auffällig groß sein sollen, ist es vernünftiger, die Hände lieber klein zu machen, ihre Unbeweglichkeit fällt dadurch weniger auf.

Ohne bestimmte Gründe formt man die Hände einer Puppe nicht wie eine geballte Faust, oder etwa mit starr ausgestreckten Fingern, sondern in einer „neutralen" Haltung, z. B. in der Form einer flachen Muschel. Nach alter Erfahrung lohnt es sich auch, eine Hand, am besten die rechte, so zu gestalten, daß die Spitzen des Daumens und des Zeigefingers sich gegenseitig berühren. Die Finger bilden eine Öse, in die man gut ein Requisit stecken oder hängen kann (Bild 33).

Bild 33

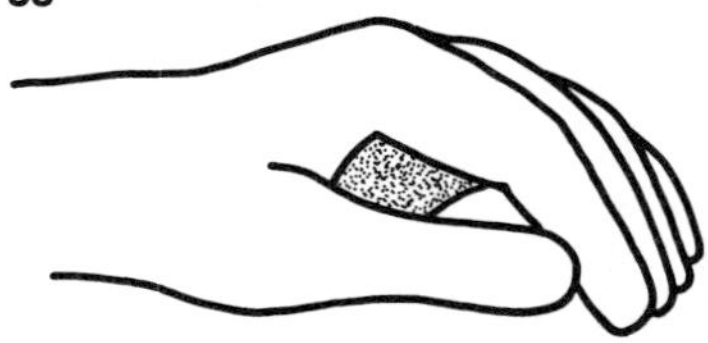

So wie der Kopf, können auch die Hände aus den verschiedenartigsten Materialien angefertigt werden. Man kann sie nähen und mit Watte ausstopfen, oder aus einem dicken Lederstreifen schneiden. Man kann sie auch drechseln oder schnitzen. Wenn man sich aber für ein sehr leichtes Material entscheidet, so muß man den Unterarm gleich beschweren. Ein Kostümärmel, auch wenn er aus weichem Material ist, hindert oft die Bewegung der leichten Arme.

Führungsdraht

Zur Führung von Puppen bewährt sich Eisen-Schweißdraht gut (∅ 3 mm, 100 cm lang). Auch Stahldraht läßt sich verwenden, den man aber nur in einer Flamme biegen kann.

Das Formen des Drahtes beginnt von unten, von dem Teil aus, an dem die

Puppe befestigt wird. Im Rumpf der Puppe darf der Draht beliebig gebogen werden. Die Biegung dient lediglich dazu, den Rumpf mit dem Führungsdraht zu verbinden. Natürlich darf sie nicht breiter oder länger als der Rumpf der Puppe sein, und man muß darauf achten, daß der Draht in der Mitte der Schultern aus dem Körper kommt, als Fortsetzung der vertikalen Achse der Puppe.
Ähnlich muß man den Draht an der Stelle biegen, wo der Kopf der Puppe befestigt werden soll. Das andere Ende des Drahtes, das für das Ansetzen des Führungskreuzes bestimmt ist, biegt man lieber erst, wenn die Puppe zusammengesetzt ist. Erst dann kann man die richtige Länge des Drahtes bestimmen.

Zusammenbau

Sind alle wichtigen Teile der Puppe fertig, kann man die Puppe auf dem Draht befestigen und sie zusammensetzen. Zunächst befestigt man den Rumpf. Man legt das gebogene Ende des Drahtes zwischen seine beiden Teile und klebt diese dann zusammen. Die Schulterecken und den unteren Rand des Rumpfes läßt man unbeklebt. An diesen Stellen werden später die Glieder eingefügt. Wenn nötig, korrigiert man nach dem Kleben und Trocknen die Form des Rumpfes (Bild 35).
Auch der Kopf läßt sich gut am Draht befestigen, wenn man ihn in zwei Teile gesägt hat: in ein Vorderteil mit dem Gesicht und in einen Hinterkopf (Bild 36). Um beide Teile des Kopfes gut zusammendrücken zu können, muß man eventuell im Kern des Kopfes eine Lagerung für den Draht auskratzen. Die Oberfläche des Kopfes, die im Schnitt beschädigt ist, korrigiert man mit der

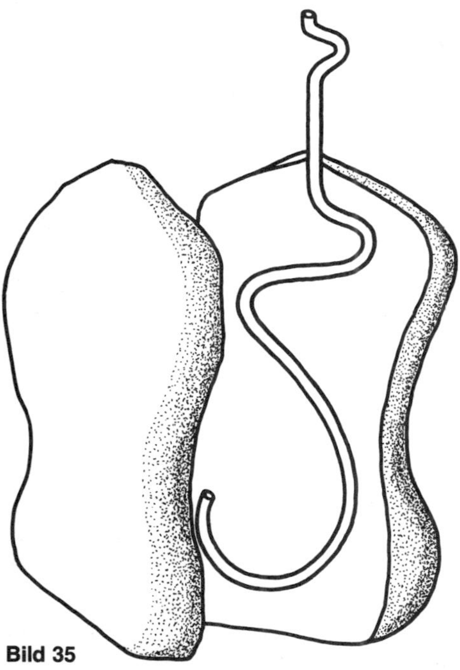

Bild 35

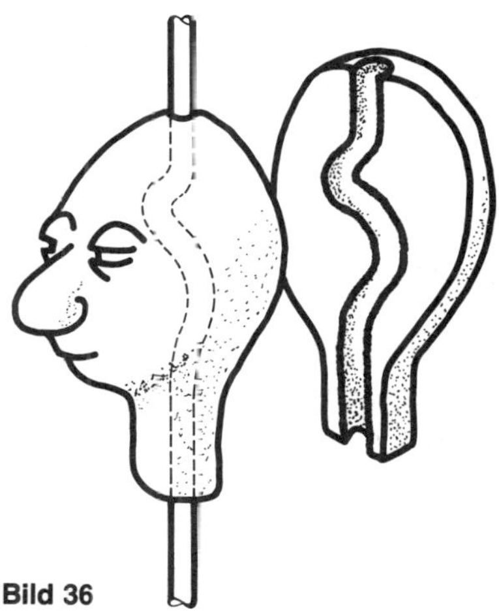

Bild 36

Knetmasse. Manchmal ist es auch nötig, den Hals zu ergänzen, damit er sich mit dem Körper gut verbindet.

Ist der Draht nicht zu breit gebogen, kann man ihn in den Kopf stecken, ohne daß man diesen durchsägt. Behutsam, aber mit Druck spießt man den Kopf auf den Draht: er bahnt sich einen Weg durch die weiche Styropormasse. In das Loch unten am Hals und oben auf dem Kopf preßt man Knetmasse oder – noch besser – in weißen Holzleim eingeweichtes Papier. Damit wird der Kopf auf dem Hals ausreichend befestigt.

Die modellierten Unterarme bindet man auf zwei Schnüren an, die dann den Oberarm bilden. Dazu eignen sich runde Schuhbänder gut. Man kann aber genauso gut schmales Stoffband oder Lederstreifen nehmen. Die Ösen müssen in den Knoten locker sein, damit das „Gelenk" gut beweglich ist (Bild 37). Das freie Ende des Bandes klebt man in die Spalte an der Schulter. Die Daumen der frei hängenden Arme müssen nach vorne zeigen.

Auch die Oberschenkel der Puppe werden von einem Stoffband gebildet. Das Band muß aber fester sein als für die Arme, damit die Beine sich nicht in alle Richtungen drehen (Bild 38). Sehr gut bewährt sich ein breites Gummiband. Am Knie bildet man ein „Gelenk" und klebt das freie Ende des Bandes in den Rumpf der Puppe ein. Beine, die zu nahe nebeneinander hängen, reiben sich aneinander und hindern die Puppe am Gehen. Sind die Oberschenkelbänder zu weich, drehen sich die Beine. Man muß die Bänder mit Karton oder dünnem Sperrholz unterlegen, um sie fester zu machen.

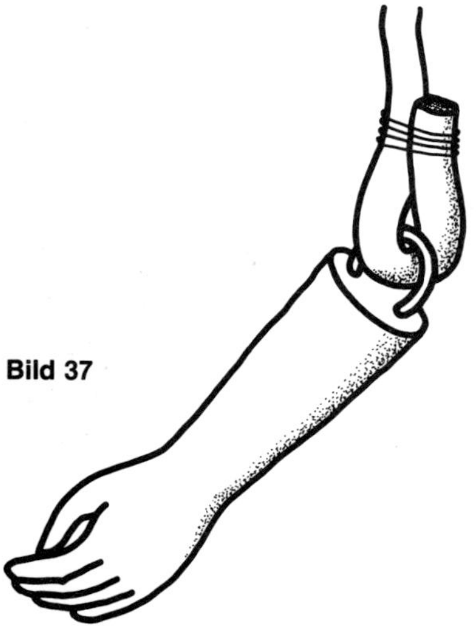

Bild 37

Bild 38

Länge des Führungsdrahtes

Für Marionetten am Draht ist eine lange Führung nicht günstig. Ein zu langer Draht biegt sich oder federt und erschwert das Spiel, es sei denn, man verwendet sehr dicke Drähte.

Die richtige Länge der Führung wird vor allem durch die Größe des Spielers und die Höhe des Bühnenbodens bestimmt. Der Spieler soll in bequemer aufrechter Haltung, die Puppe vor sich haltend, spielen. Beim Spiel auf einer Bühne mit Portal muß aber der Draht mindestens so lang sein, daß die Puppe sich hinsetzen kann, ohne daß die Hand des Spielers in der Szene erscheint. Je höher der Bühnenausschnitt, desto länger müssen die Führungsdrähte sein. Es ist besser, den Rahmen niedrig zu halten, als die Drähte ungeschickt lang zu machen. Es reicht aus, wenn der Rahmen nur ein paar Zentimeter höher ist als die größte Puppe im Spiel (Bild 39).

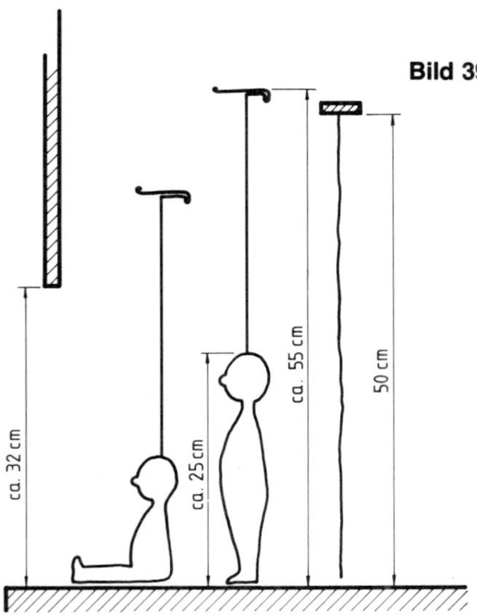

Bild 39

Am besten wird also das Führungskreuz in einer Höhe von 55 cm (bei 20–25 cm großen Puppen) angebracht. Selbstverständlich sollen alle Puppen im Spiel die Führungskreuze in gleicher Höhe haben. Nur die Drähte sind unterschiedlich lang, je nach der Größe der Puppen.

Führungskreuz

Bei einer Puppe, die einen langen Mantel oder einen bodenlangen Rock trägt, brauchen die Beine nicht geführt zu werden. Ihre Bewegung wäre sowieso nicht sichtbar. Auch bei kleineren Puppen ist eine Beinführung überflüssig. Freies Pendeln der Füße wirkt überzeugend genug.

In solchen Fällen ist kein Führungskreuz nötig, und es genügt, am oberen Ende des Führungsdrahtes einen einfachen Griff anzubringen. Dieser Griff in T-Form zielt mit einem Griffende nach vorn, in Blickrichtung der Puppe, und endet mit einer Öse, durch die der Führungsfaden für die Hände der Puppe läuft. Der hintere Griff der Öse ist hakenförmig gebogen, um die Puppe auf-

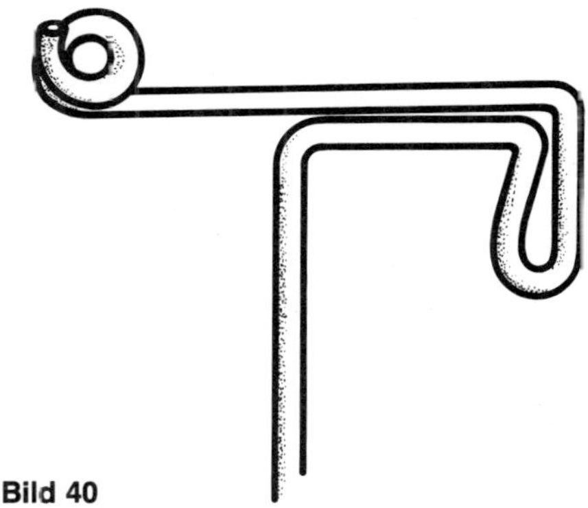

Bild 40

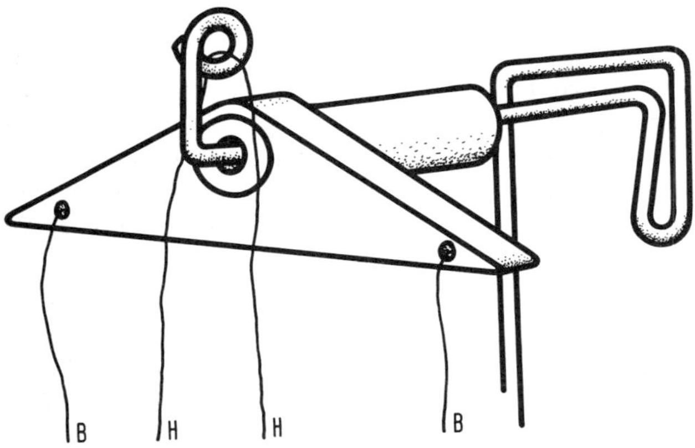

Bild 41

hängen zu können. Ein zu großer Griff ist nicht praktisch, es genügen etwa 7 cm (Bild 40).

Bild 41 zeigt das Führungskreuz für die Marionette mit geführten Beinen. Es besteht aus einem Runddübel (etwa 2 cm Durchmesser), welcher der Länge nach durchbohrt ist. Der Dübel ist in die Spitze eines Sperrholz-Dreiecks eingesetzt. In die zwei übrigen Spitzen sind Löcher für die Beinfäden der Puppe gebohrt.

Der Draht wird auch in eine T-Form gebogen. Ein Arm des „T" formt den Haken zum Aufhängen. Man setzt das Kreuz auf den geraden Arm des Griffes, biegt das andere Ende des Drahtes nach oben und endet mit der Öse für den Handfaden.

Der Runddübel des Kreuzes soll nur so lang sein, daß man ihn mit den Fingern sicher halten und drehen kann, also etwa 3–4 cm. Ein zu langer Dübel führt die Beinfäden zu weit vor der Puppe, und die Fäden hindern die Hände in ihrer Bewegung.

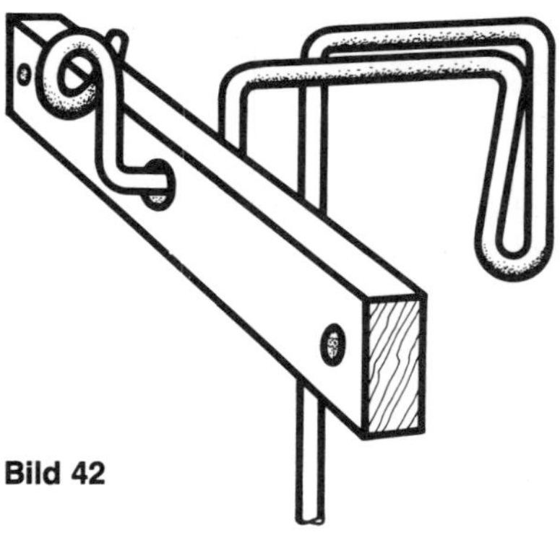

Bild 42

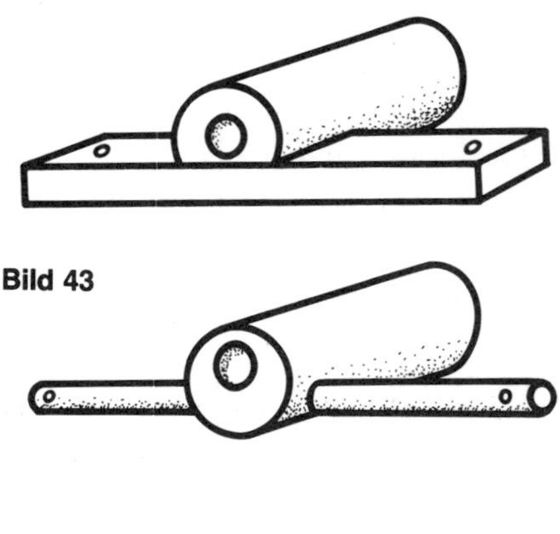

Bild 43

Eine einfache Variante des Kreuzes sieht man im Bild 42. Sie erfüllt ihre Funktion genauso gut, ist nur für den Spieler weniger bequem. Sie eignet sich aber dann, wenn für das Kreuz zu wenig Draht bleibt, und man mit jedem Zentimeter sparen muß. Man kann statt eines Sperrholzdreiecks auch einen Rund- oder Flachdübel nehmen (Bild 43), oder die Arme des Kreuzes, die sogenannte Beinschwinge, aus Draht machen.
Wichtig ist, daß die beiden Seiten der Beinschwinge gleich lang sind, d. h. daß die Entfernungen von dem Drehpunkt des Kreuzes zu den beiden Fadenlöchern sich entsprechen. Je länger die Beinschwinge ist, desto weniger muß man das Kreuz drehen, damit die Puppe einen Schritt macht. Umgekehrt muß man mit einem kurzarmigen Kreuz große Pendelbewegungen ausführen, um die Beine der Puppe in Bewegung zu setzen. Nur braucht ein breites Kreuz zu viel Platz und ist deswegen unpraktisch. Außerdem zieht eine lange Schwinge die Beine nicht nur nach oben, sondern auch zur Seite. Zu Oberschenkeln, die 4–5 cm lang sind, paßt eine 12–14 cm lange Beinschwinge.

Aufschnüren

Zum Aufschnüren der Marionetten eignen sich dünne Perlonfäden. Ebensogut kann man auch gewöhnlichen Nähfaden nehmen, der andere gute Eigenschaften hat: er glänzt nicht und läßt sich gut knoten.
Die Hände kann man einzeln aufhängen. Nach alter Erfahrung soll man aber beide Hände nur auf einen Faden binden und diesen Faden nicht am Führungskreuz befestigen, sondern nur durch die Öse ziehen (Bild 41). Der Faden muß so lang sein, daß die Arme frei beweglich hängen. Um Faden und Hand zu verbinden, bohrt man in die Handfläche oder in die Handwurzel ein kleines Loch.
Die Beine werden einzeln aufgefädelt. Der Faden wird am Oberschenkel, am besten in der Nähe des Knies befestigt. Damit die Beine richtig funktionieren, muß man dafür sorgen, daß die Punkte, wo die Fäden am Oberschenkel befestigt sind, vom „Hüftgelenk" gleich weit entfernt sind, und daß beide Fäden gleich stark gespannt sind. Ist dies nicht der Fall, so geht die Puppe unregelmäßig, auf dem einen Bein temperamentvoller als auf dem anderen. Bei lockeren Fäden reagiert die Puppe mit Verspätung auf die Bewegung des Führungskreuzes.

Korrekturen

Erst wenn die Puppe fest an ihren Schnüren hängt, zeigen sich eventuelle Mängel.
Auch der kleinste Unterschied in der Beinlänge stört. Sohlen müssen abgeschliffen, oder dicker gemacht werden. Drehen sich die Beine in eine ungewünschte Richtung, kann es helfen, wenn man die Spitzen der Schuhe ein wenig ändert. Nutzt das nichts, so müssen die Beine anders in den Rumpf eingesetzt werden. Oder man zwickt die Drahtösen ab und setzt neue in passender Richtung ein.
Bei einer Puppe mit sehr langen Beinen, die ein Kreuz mit ungünstig langen

Armen braucht, kürzt man die Entfernung zwischen Hüftgelenk und dem Punkt der Fadenbefestigung: man bindet den Faden in der Mitte des Oberschenkels an (Bild 44). Dafür muß aber das Stoffband im Oberschenkel mit einer Sperrholzplatte verdoppelt werden. Bei einer Puppe mit dickem Bauch sind die Beinfäden zu weit nach vorne gezogen und hindern die Hände der Puppe bei der Gestikulation. Oder die Fäden rutschen seitlich ab und ziehen die Beine nach den Seiten, statt nach vorn. Dagegen hilft nur, die Beinfäden durch den Bauch der Puppe zu führen. Damit der Faden durch den Schaumstoffkörper glatt hindurchgeht, muß man zwei Röhrchen aus Metall oder Plastik (z. B. Saugröhrchen) als Führung für die Fäden in den Bauch einkleben (Bild 45).

Manchmal stimmt die Richtung des Spielkreuzes mit der des Kopfes und des Körpers der Puppe nicht genau überein. Da Eisendraht ziemlich weich ist, ist eine Korrektur möglich: man hält das Spielkreuz und den Rumpf der Puppe fest und dreht vorsichtig in die gewünschte Richtung. Nicht ratsam ist es, den Kopf allein zu drehen, der weiche Styroporkern würde das nicht aushalten.

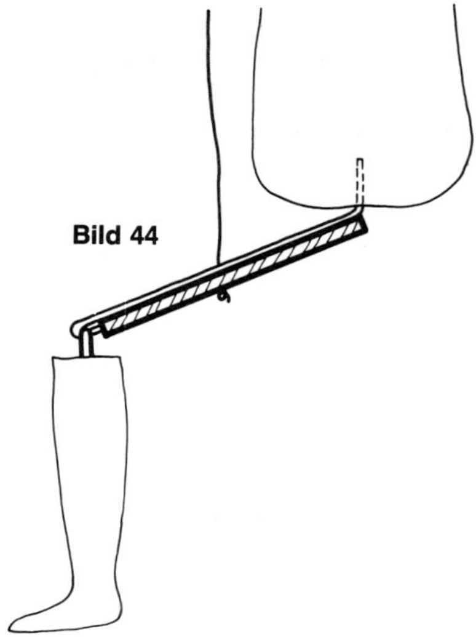
Bild 44

Anmalen der modellierten Teile

Die übliche Modelliermasse läßt sich im trockenen Zustand gut mit Plakatfarben, aber auch mit normalen Aquarell-, Tempera- und Acrylfarben anmalen. Lackfarben sind deshalb nicht geeignet, weil sie glänzen, und die Puppe das Aussehen einer Wachsfigurine aus dem Panoptikum erhalten würde. Die

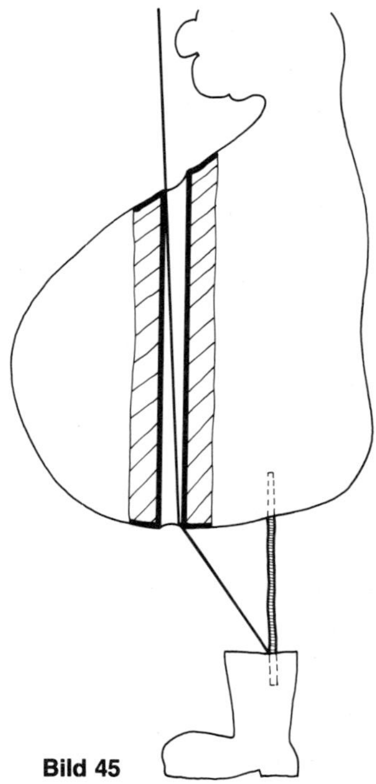
Bild 45

Augen der Puppe jedoch sollte man mit einem durchsichtigen Lack vorsichtig bestreichen. Sie werden dann lebendiger und ausdrucksvoller.

Es ist nicht ratsam, das Gesicht der Puppe zu bunt anzumalen. Als Grundierung nimmt man Hautfarbe, mit der man auch die Modellierung betonen kann: hellere Tönung verstärkt, dunklere läßt zurücktreten.

Wenn Haare, Bart und Augenbrauen modelliert sind, malt man sie auch an. Sonst kann man sie natürlich aus Wolle, Fell oder ähnlichem Material herstellen und ankleben.

Kostüm

Jede Bekleidung vermindert die Beweglichkeit der Puppe. Man soll also weiche, „fließende" Stoffe wählen. Vor allem für die Ärmel und die Hosen. Ein Kostüm aus einem ungeeigneten Stoff kann die Puppe leicht in eine starre, schlecht spielbare Figur verwandeln.

Meist ist es nicht möglich, einer Puppe ein fix und fertiges Kleid anzuziehen. Zu große Schuhe gehen nicht durch enge Hosenbeine und – am Führungsdraht befestigt – läßt sich die Puppe nicht einmal mit einer Bluse bekleiden. So muß man also die einzelnen Teile des Kostüms direkt am Leib der Puppe fertig nähen. Man zieht ihr selbstverständlich nur das an, was sichtbar ist: statt eines Hemdes genügen manchmal Kragen und Manschetten, unter einem langen Mantel sitzen keine richtigen Hosen, sondern nur soviel, wie man von ihnen sieht.

Trotzdem: Da die Marionette am Draht ihrem Vorbild, dem Menschen, ähnlich ist, steckt man sie in ein vereinfachtes Menschenkleid. Nur sollte man – ähnlich wie bei der Marionette am Stab – die Ärmel nicht an das Kleid nähen, sondern als selbständige Teile anfertigen, damit die Arme frei beweglich bleiben. Die Ärmel näht man an die Bänder, die den Oberarm bilden, ganz dicht an der Schulter.

Wenn Arme und Beine durch die Bekleidung in ihrer Beweglichkeit gehindert werden sollten, kann man eventuell etwas Blei in Unterarm und Ferse stecken. Die Beschwerung der Glieder hilft, Steifheit des Stoffes zu überwinden. Genügt das nicht, so bleibt nichts anderes übrig, als ein anderes Kostüm aus weichem Stoff zu nähen.

Tierfiguren

Für den Bau von Tierfiguren eignen sich dieselben Materialien wie für die menschlichen Figuren. Auch der Arbeitsgang ist identisch. Ein Beispiel für die Konstruktion einer Tierfigur gibt das Bild 46.

Der Rumpf aus Schaumstoff ist am gebogenen Ende des Führungsdrahtes befestigt. Die Beine (ohne Gelenke) sind einzeln mit kurzen Stoff- oder Lederbändern am Körper befestigt, so daß sie frei pendeln. Der Hals ist aus einem Material, das die gewünschten Bewegungen ermöglicht, am besten aus Schaumstoff. Der Kopf besteht aus Knetmasse. Einen größeren Kopf modelliert man über einem Styroporkern.

Da die Puppe frei pendelnde Beine hat, braucht sie kein Führungskreuz, sondern nur einen einfachen Griff (Bild 40). Dieser Griff endet vorne mit einer Öse,

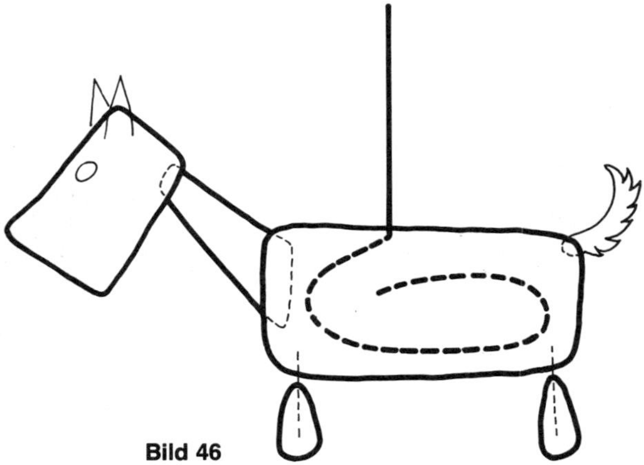

Bild 46

wo die Kopffäden befestigt sind. Je nach Größe des Kopfes und je nach den für das Spiel gewünschten Bewegungen, sind zwei oder auch drei Fäden nötig.
Wenn zwei Fäden genügen, so sind sie an den Schläfen des Kopfes oder am Schädelgipfel und an der Schnauze befestigt. Als zusätzliches Führungsholz wird ein Rundstäbchen von 6–7 cm Länge verwendet (Bild 47).
Wenn drei Fäden nötig sind, werden zwei davon an den Schläfen befestigt, der dritte Faden an der Spitze der Schnauze. Statt eines Rundstabes kann man auch ein Führungsholz in T-Form nehmen (Bild 48).
Das Führungsholz für den Kopf ist in der Öse am Griff beweglich befestigt. Mehr Bewegungen ermöglicht ein abnehmbares Führungsholz. Statt mit einer Öse endet der Griff dann mit einem

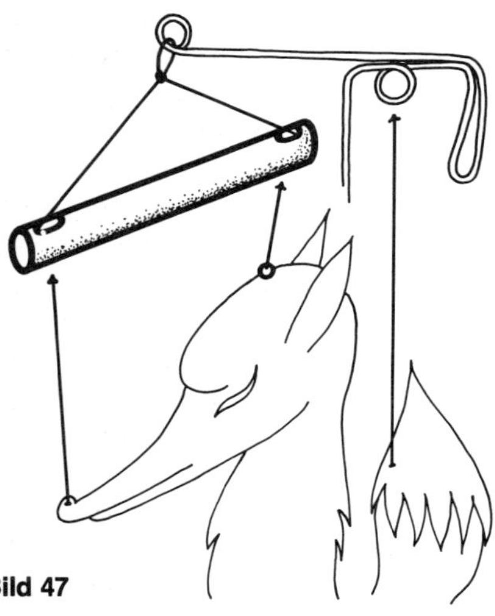

Bild 47

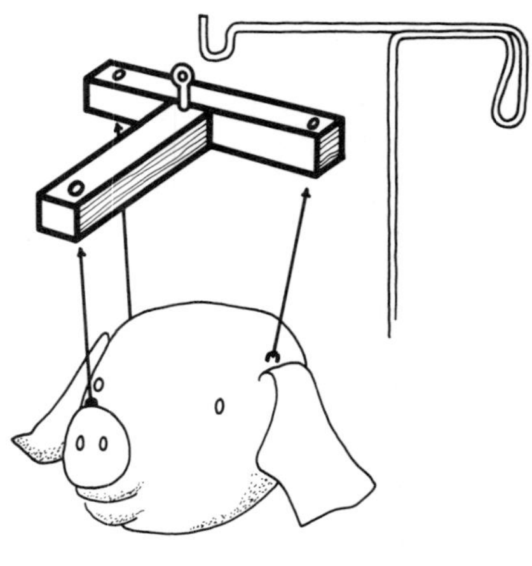

Bild 48

Ziege – kleine Marionette am Draht (Batek & Batek)

Bild 49

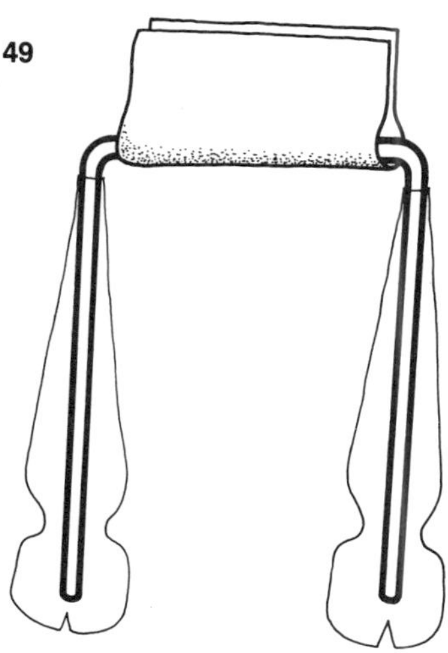

Haken, und man rüstet das Führungsholz mit einer Öse (Ringschraube) aus (Bilder 47 und 48).

Bei Tieren mit längeren Beinen können frei pendelnde Beine stören. Man sollte das Pendeln auf die Bewegung von vorne nach hinten beschränken. Das läßt sich machen, indem man einen entsprechend langen Draht in die Form einer eckigen Gabel biegt und auf diese Gabel dann zwei Beine modelliert. Zwei solcher Beinpaare befestigt man dann am Bauch der Figur, ähnlich wie die Beine an den menschlichen Gestalten, mit ganz kurzen Leder- oder Stoffbändern (Bild 49).

Auch der Schwanz der Tierfigur kann gelenkt werden. Dazu genügt ein Faden, der an einer Öse befestigt wird

(Bild 47) oder an dem Haken, der zum Aufhängen der Puppe dient.
Es gibt aber nicht nur laufende oder springende Vierfüßler, sondern auch Kriechtiere, Vögel, Fledermäuse sowie siebenköpfige Drachen, die eben nur auf der Bühne leben. Jede dieser Gestalten hat ihre eigene Form, ihre charakteristische Bewegung und muß ihre bestimmte Aufgabe im Spiel erfüllen. Für jede Figur muß also eine besondere Lösung gesucht werden, wobei man alle Erfahrungen, die man beim Bau auch anderer Puppenarten gewonnen hat, ausnützen soll.

Seite 49 und 53:
Tschechische große Marionette am Draht, 19. Jh.
(Privatbesitz Albrecht Roser)

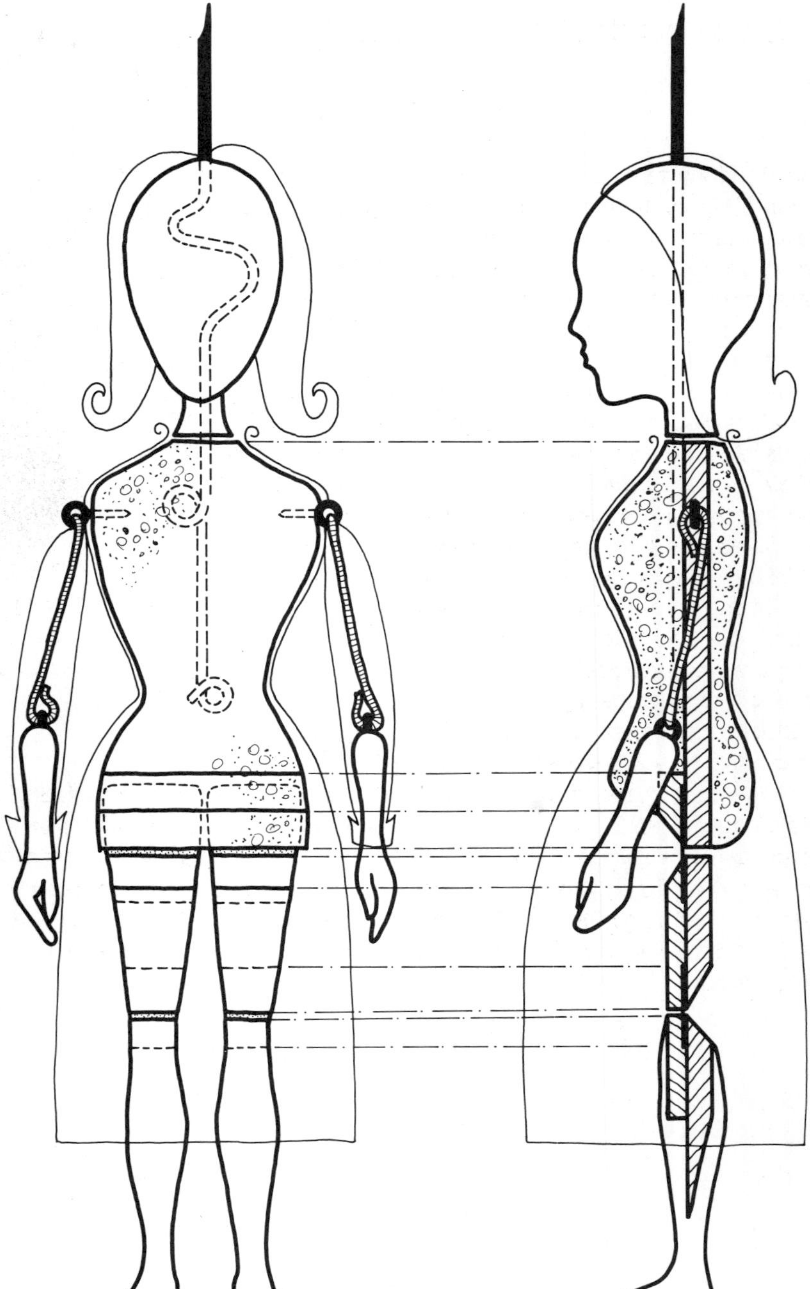

Bild 50

Die große Marionette am Draht

Kleine Marionetten, die etwa 25 cm groß sind, eignen sich nur für eine begrenzte Zuschauerzahl in kleineren Räumen. In Räumen, in denen die Zuschauer mehrere Meter von der Bühne entfernt sitzen, sind schon Puppen nötig, die mindestens 40–45 cm groß sind. Dabei ist zu bedenken, daß die Puppen mit großen Köpfen scheinbar größer sind, als die mit „normalen" Köpfen.
Auch die großen Figuren lassen sich so bauen, wie es in den vorhergehenden Kapiteln beschrieben ist. Durch die Vergrößerung aber werden auch die Nachteile des weichen Baumaterials erkennbar. Weiche Gelenke verleihen den Figuren eigenartige Bewegungen, die reizvoll sein können, aber nicht für alle Stücke geeignet erscheinen. In manchen Fällen entscheidet man sich also für feste Baumaterialien, vor allem für Holz oder Metall.
Für den, der sich nicht zutraut, die Figuren aus Holz zu schnitzen oder zu drechseln, ist es sinnvoller, sich für folgende, technisch einfachere Bauweise zu entscheiden.

Werkzeug und Material

Außer den Werkzeugen und Materialien, die man zum Bau einer kleinen Marionette braucht (siehe S. 32), wird noch folgendes benötigt:
Laubsäge,
2–4 kleinere Schraubzwingen,
Sperrholz 7–8 mm,
Zweikomponentenkleber,
2 Vierkantstäbe 2 × 0,5 cm, 100 cm lang,
eventuell: 3 Holzklötze 2 × 2 × 2 cm,
2 weiche Lederbänder 5 cm lang, 3 cm breit.

Bauplan

Auch wenn man bei Anfertigung einer solchen Puppe auf einen Entwurf verzichten kann, so ist ein gründlicher Bauplan in Größe der beabsichtigten Puppe vonnöten. Man zeichnet ihn wieder in Frontal- und Seitenansicht (Bild 50).

Rumpf

Der feststehende Grund des Rumpfes wird aus einer 7–8 mm dicken Sperrholzplatte ausgesägt. Rücken, Brust und Bauch sind aus Schaumstoff oder aus Styropor, das später kaschiert wird. Zunächst genügt es, die Form dieser Teile nur grob zu erarbeiten. Die saubere, endgültige Bearbeitung erledigt sich besser, wenn man die Teile auf den Sperrholzgrund geklebt hat, beim Zusammensetzen der Puppe also. In die Schultern, dort wo die Arme aufgehängt werden, schraubt man kleine Ringschrauben ein.

An den unteren Rand der Sperrholzplatte klebt man als Hüftgelenke von einem Vierkantstab gehaltene Lederbänder an. Der Vierkantstab wird schräg geschliffen, damit die Oberschenkel Bewegungsspielraum haben. Je schräger der Schliff ist, desto höher kann die Puppe die Knie heben. Sicherheitshalber geschieht die Befestigung mit 2–4 Schrauben (Bild 51).

Bild 51

Drehbarer Kopf

Die Marionetten am Draht sind meist so gebaut, daß sie den Kopf nicht bewegen können. Um sich umzuschauen, müssen sie den ganzen Körper drehen. Soll eine Puppe aber nur den Kopf nach den Seiten drehen können, so ist es ebenso gut möglich, sie um diese Bewegung zu bereichern.

Zu diesem Zweck benötigt man 3 Holzklötze von 2 × 2 × 2 cm. Zwei davon werden (dicht zu einer Seitenwand hin) durchbohrt, das Loch muß so groß sein, daß der Führungsdraht sich im Loch reibungslos drehen kann (Bild 52). An der Basis eines der gebohrten Klötze ist dann ein Kehlgang zu schleifen, der den Führungsdraht aufnimmt,

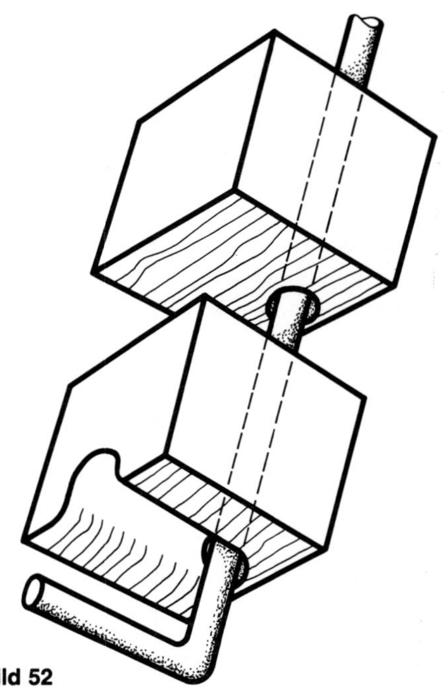

Bild 52

also 3 mm breit ist und 3 mm Tiefe hat. Die Seitenkanten sind abzurunden.

Durch die durchbohrten Klötze führt man den Draht, der Klotz mit dem Kehlgang liegt zuunterst. Ca. 1,5 cm des Drahtendes biegt man im rechten Winkel um und probiert aus, ob sich der Draht reibungslos in den Kehlgang fügt und dabei festsitzt (Bild 52). Dann werden alle drei Klötze auf den Sperrholzrumpf geklebt (Bild 53). Der Klotz ohne Loch sitzt ganz tief und beschränkt die vertikale Bewegung des Drahtes. Der mittlere Klotz (mit Kehle) sitzt nur so weit von ihm entfernt, daß sich der Haken ungehindert bewegen kann. Der dritte Klotz weit oben bildet das Schulterteil. Seine Kanten müssen, wenn nötig, so geschliffen werden, daß sie mit der Schulterform übereinstimmen.

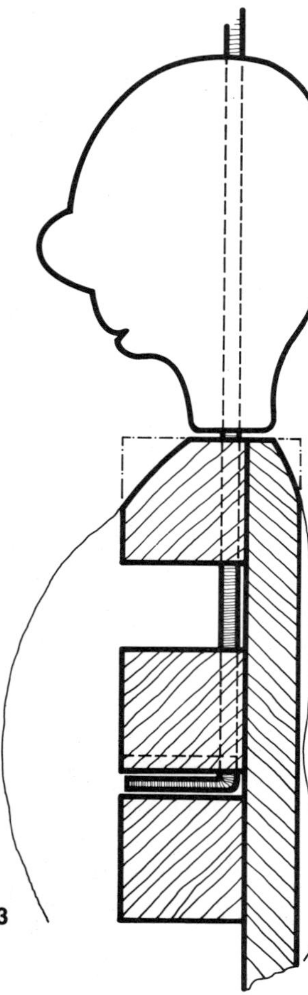

Bild 53

Kopf und Hals werden, ähnlich wie bei der kleinen Marionette, am Führungsdraht befestigt (siehe S. 38), aber zwischen Hals und Schultern muß eine Lücke bleiben, ebenso groß wie die zwischen den beiden unteren Klötzen. Beim Gehen der Puppe bewirkt ihr Gewicht, daß das umgebogene Ende des Führungsstabes sich in der Kehle des mittleren Klotzes einklemmt, womit Kopf und Körper fest verbunden sind. Wenn die Puppe sitzt oder auf steifen Beinen steht, macht sich der Haken aus der Kehlung frei und der Kopf läßt sich drehen. (Siehe auch die Erklärung über den Bau der Beine, S. 56, Bild 59.)

Arme

Die Arme werden ähnlich wie bei der kleinen Marionette gebaut. Ist es aber wegen des Charakters oder auch wegen der Bekleidung der Puppe nötig, daß auch die Oberarme aus festem Werkstoff sind, eignet sich Holz dazu am besten. Man kann den Arm direkt aus Holz schnitzen oder auf Holz Knetmasse auftragen und modellieren.

Drei Arten von Ellbogengelenken, die auch mit einfacher Werkausrüstung anzufertigen sind, werden gezeigt. Bild 54 zeigt ein Gelenk aus einem runden Holzdübel und einem Kunststoff- oder

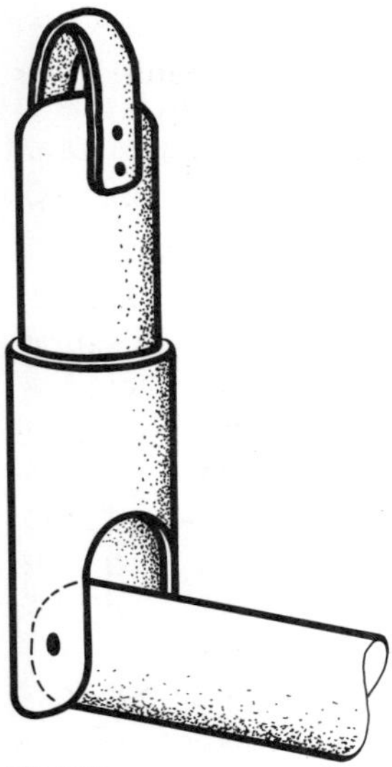
Bild 54

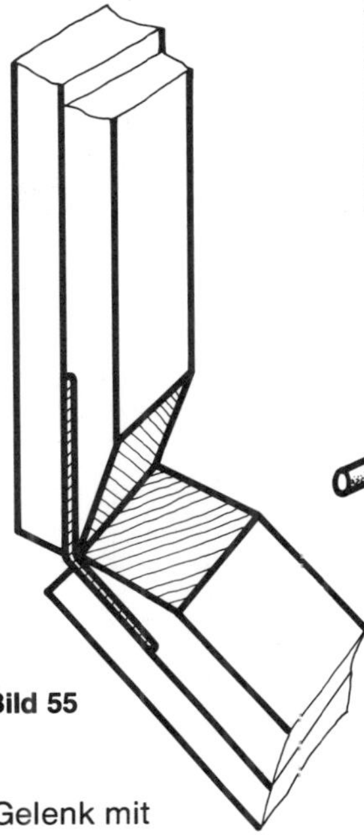
Bild 55

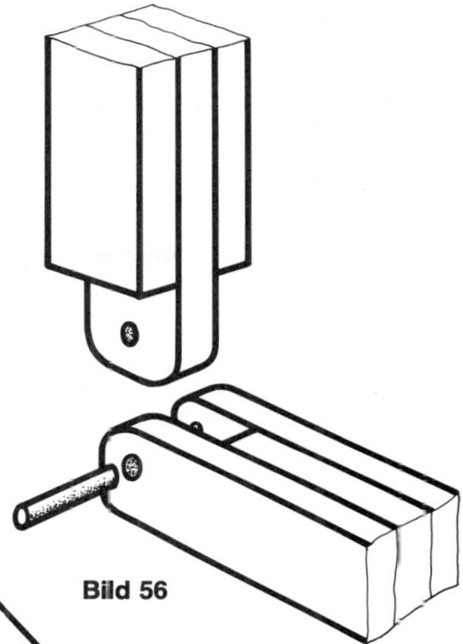
Bild 56

Metallrohr. Bild 55 zeigt ein Gelenk mit Leder. Man kann den Oberarm und Unterarm aus Vierkant oder aus Rundholz anfertigen und die Schlitze sägen. Es geht einfacher, wenn man Teile des Armes aus zwei flachen Stäben zusammenleimt und den Lederstreifen dazwischen befestigt.

Ein Zapfengelenk läßt sich aus drei zusammengeklebten Vierkantstäben anfertigen (Bild 56). Damit der Stift (Draht, Nagel) nicht herausrutscht, genügt es, ihn von außen mit Papier zu überkleben.

Der Arm wird dann mit Leder- oder Stoffband in die Schulteröse gehängt, wobei der Daumen nach vorne zeigen muß (Bild 57). Die Verbindung von Arm und Schulter mit zwei Ringschrauben ist nicht günstig: das Gelenk klappert und klemmt sich gerne fest (Bild 58).

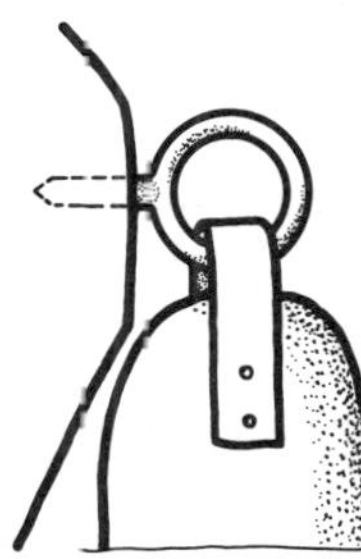
Bild 57

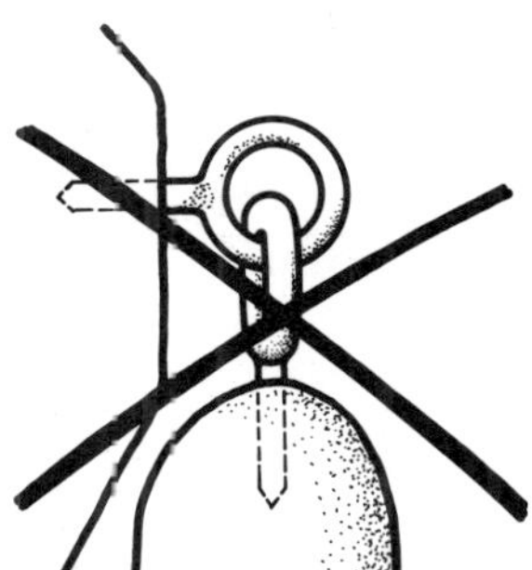
Bild 58

Beine

Damit größere Marionetten richtige Schritte machen können, müssen ihre Oberschenkel aus festem Material sein. Als Kniegelenk eignen sich alle drei auf den Bildern 54, 55 und 56 gezeigten Beispiele.

Als Hüftgelenk bewährt sich das mit Lederstreifen sehr gut und läßt sich auch leicht anfertigen. Je breiter der Lederstreifen, desto geringer die Gefahr, daß sich das Bein seitlich dreht. Auch ein breiter, flacher Docht ist geeignet. Beim Kleben muß man nur aufpassen, daß an der Stelle, wo sich das Gelenk drehen soll, der Docht ohne Klebemasse bleibt, sonst wird er hart und bricht leicht.

Fertige Scharniere können auch als Hüftgelenke dienen. Man muß sie gegebenenfalls lockern, damit sie sich reibungslos drehen (Bild 59).

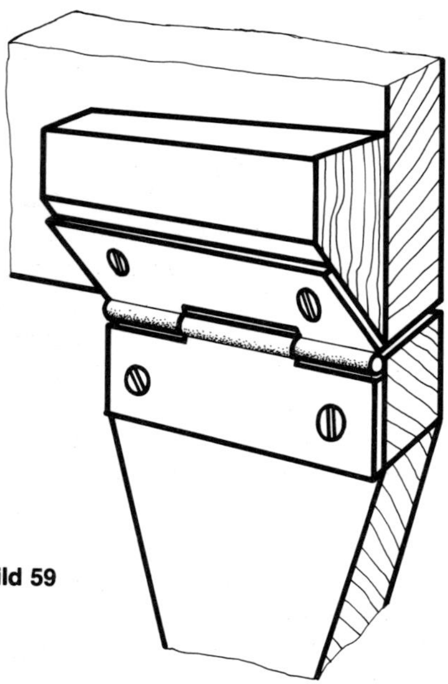

Bild 59

Man kann ein Hüftgelenk auch aus einem dünnen Blech und einem Draht von 2–3 mm Dicke machen (Bild 60).

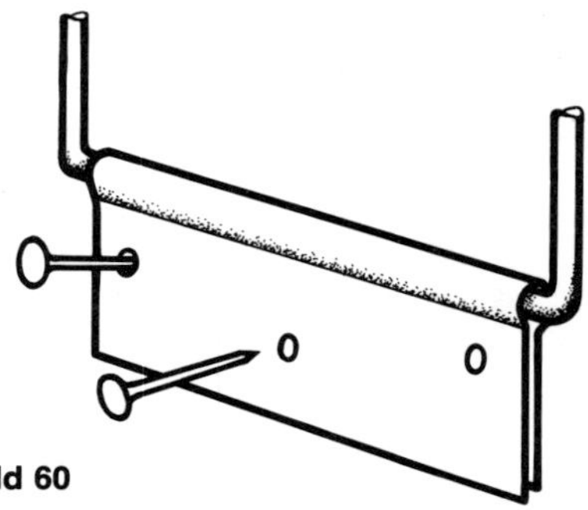

Bild 60

Der Draht wird in Form einer eckigen Gabel gebogen, und die Spitzen der Gabel werden dann in ausgebohrte Löcher in den Rumpf gesteckt und mit Zweikomponentenkleber befestigt. Das Blechteil des Gelenkes befestigt man mit Schrauben oder Nägeln am Oberschenkel. Dabei läßt sich die Beschränkung der Beinbewegung nach vorne und hinten auch ohne Schrägschliff erzielen, wie Bild 61 zeigt.

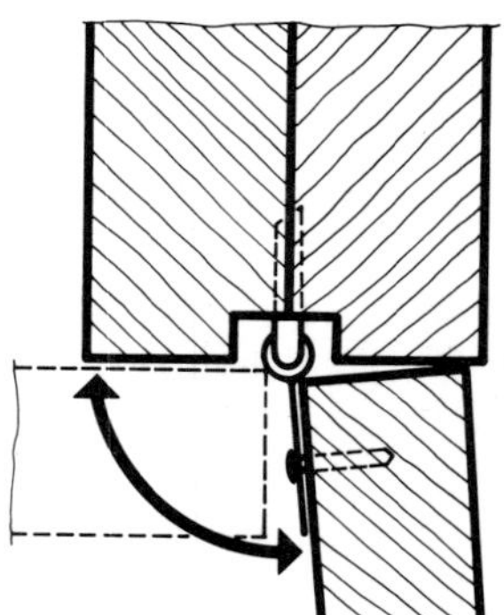

Bild 61

Ratsam ist es, die Hüft- und Kniegelenke einer Marionette so zu konstruieren, daß sich die stehenden Beine ein wenig säbelartig nach hinten biegen (Bild 62). Die Puppe kann fest stehen und bricht nicht in die Knie. Das ist besonders wichtig für Puppen mit drehbaren Köpfen.

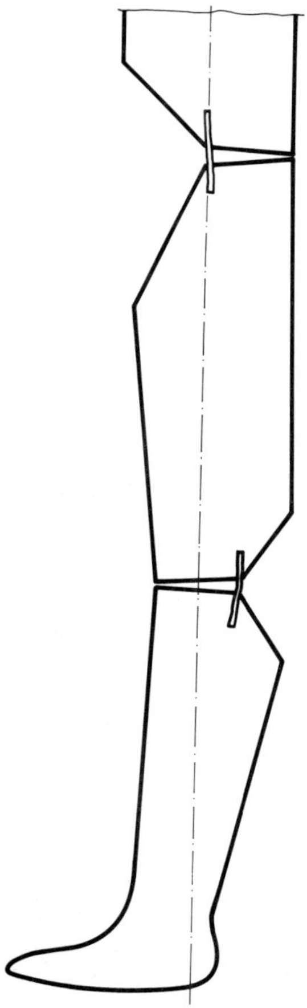

Bild 62

Hände und Füße

Wiederum ähnlich wie bei den kleinen Marionetten werden die Hände und Füße aus Knetmasse modelliert.

Zusammenbau

Das Zusammensetzen der Puppen geschieht im großen und ganzen so, wie es auf S. 39/40 beschrieben wurde.
Bei Puppen mit unbeweglichen Köpfen verbindet man Führungsdraht und Sperrholzplatte mit zwei Schrauben und Muttern. Das Drahtende biegt man zu zwei Ösen für die Schrauben (Bild 50).
Alsdann kann man Vorder- und Rükkenteil des Rumpfes an der Sperrholzplatte befestigen und die Form zum Schluß korrigieren. Das Führungskreuz ist auf S. 41 bis 43 beschrieben. Nur die Beinschwinge wird nach Größe der Puppe entsprechend verlängert, etwa um 2 cm.

Zusätzliche Führungsfäden

Von den großen Marionetten wird eine genau geführte Bewegung und eine sichere Gestikulation erwartet. Nur ist es keine leichte Aufgabe, die Hände einer Marionette rasch und gezielt zu bewegen. Damit eine Puppe sich mal schnell an die Nase faßt, nach einem Degen greift oder etwa ein Glas oder eine Trompete an den Mund setzt, dazu reicht auch tägliche Übung nicht: ein zusätzlicher Hilfsfaden ist nötig.
An der Stelle, welche die Puppe mit ihrer Hand erreichen soll, wird eine Führung (Öse) befestigt. Der zusätzliche Führungsfaden führt von der Hand der

Puppe bzw. von dem Requisit, durch diese Öse zu dem Führungskreuz. Mit dem Fadenzug wird dann die Hand zu der Öse geführt (Bild 63). Am Spielkreuz wird für diesen Faden eine Öse angebracht oder ein Loch in die Beinschwinge gebohrt.

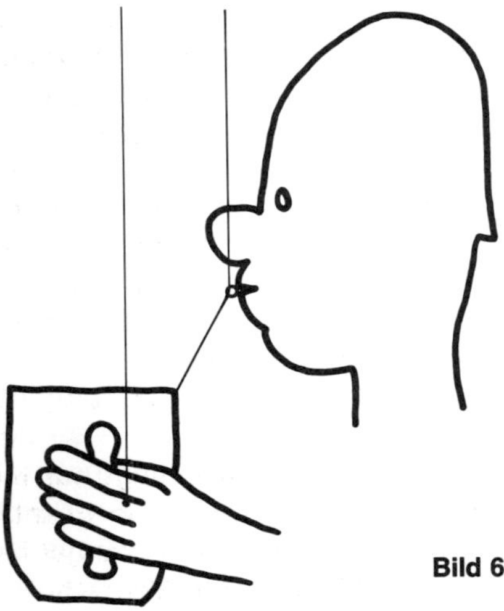

Bild 63

Damit der Spieler den Hilfsfaden leichter von den anderen Fäden unterscheiden kann, befestigt man in der Nähe des Kreuzes eine kleine Holzperle an den Faden. Es ist aber nicht ratsam, von einer Puppe zu viele besondere Leistungen zu verlangen. Man braucht dann zu viele zusätzliche Fäden. Je mehr Fäden desto schwieriger wird das Spiel.

Die Marionette an Fäden

Der Name „Marionette" – kleine Marie, Maria – stammt aus Frankreich, aus der Zeit, als die Puppen in mittelalterlichen Passionsspielen auftraten.
Die Marionette an Fäden wird auch „Königin der Puppen" genannt. Ist es ihrer fast unheimlich reichen Spielfähigkeiten wegen, oder der Breite des Repertoires? Oder wegen der hohen Ansprüche, die sie an Puppenbauer und Spieler stellt? Nicht zuletzt vielleicht wegen ihrer königlichen Launenhaftigkeit?
Jedenfalls ist sie die Puppe, die der „Krone der Schöpfung" am ähnlichsten ist, weil sie auf unglaubliche Weise menschenähnliche Bewegungen ausführen kann. Und das wird auch der Grund sein, weshalb die Fadenmarionette an traditionell realistische Formen fester gebunden ist als manch andere Puppenart.
Ihr Repertoire ist von solcher Breite, daß sie für einen Kabarettauftritt ebenso geeignet ist, wie für die klassische Oper oder für das Ballett. Sie kann in Grotesken auftreten, in Tragödien oder Märchen. Sie ist bei Kindern beliebt und wird von den Erwachsenen bewundert. Elegant und nobel ist sie, humorvoll und komisch, aber nie kann sie so unmittelbar und kraftvoll sein wie eine Handpuppe, so selbstverständlich und frei wie eine Marotte. Letzten Endes ist sie immer ein Mechanismus: zwischen ihr und den Händen des Spielers vermitteln immer zwei, drei oder sogar vierzig Fäden.
Ihre Bewegungen werden durch die Schwerkraft bestimmt, aber gerade diese Puppe ist es, die sich mit höchster Leichtigkeit und unvergleichlicher Anmut von der Erde loslösen und in der Luft schweben kann. Dabei wird sie aber auch leicht zum Pendel, und man muß sich mit ihr vor allen raschen Bewegungen hüten, bei denen sie außer Kontrolle geraten kann.
Sie ist anspruchsvoll. Ihre Anfertigung verlangt eine sehr genaue Planung, und das Spiel mit ihr gelingt nur mit Disziplin, Übung, Gefühl und Phantasie. Manche begeisterten Anfänger hat sie enttäuscht, denn viele Versuche, eine Fadenmarionette zu bauen und mit ihr zu spielen, scheitern. Man braucht für diese Puppe sehr, sehr viel Geduld und den Mut, ein mißlungenes Gebilde fortzuwerfen und – vielleicht zum zehnten Male – neu mit ihr anzufangen.
Das bedeutet aber nicht, daß sie nicht in die Hand eines Amateurs gehörte. Nur allererste Anfänger und ganz unerfahrene Spieler sollten sich lieber an technisch einfachere Puppenarten begeben, um zuerst Erfahrungen zu sammeln. Wenn es schon Marionetten sein sollen, dann lieber die am Draht, die einfacher zu handhaben sind. Damit wird der spätere Schritt zu einer Fadenmarionette erleichtert.

Marionette an Fäden aus dem Stück „Pinocchio"
(Steinauer Marionettentheater)

Werkzeug und Material

Das klassische Material für den Bau einer Fadenmarionette ist Holz. Für die sichtbaren Teile: Kopf, Hände, Beine, am besten Lindenholz. Für den Körper reicht Fichtenholz aus.

Auch die „modernen" Materialien wie Styropor, Schaumstoff und andere Kunststoffe, fertige Holzkugeln und Rund- und Vierkantstäbe in allen Größen und Profilen, wie sie in den vorigen Kapiteln beschrieben sind, eignen sich gut für den Bau dieser Marionette. Sie erleichtern und beschleunigen die Arbeit und machen auch für die, welche die anspruchsvolle Holz- und Metallverarbeitung nicht beherrschen, den eigenhändigen Bau einer Marionette möglich. Die notwendige Ausrüstung an Werkzeug und Material ist schon in den vorigen Kapiteln angegeben (S. 32, S. 51).

Aus dem Bauplan der Puppe, die man sich zu bauen vorgenommen hat, sind eventuelle zusätzliche Materialien zu ersehen. Es handelt sich um Drähte, kleine Ringschrauben, Holzschrauben und Schrauben mit Muttern, um Lederstreifen, dünnes Blech, Holzstäbe und Aluröhren in passenden Maßen.

Ein kleiner Vorrat davon kann nicht schaden, man muß immer mit Reparaturen und Änderungen rechnen. Denn auch ein noch so sorgfältig ausgearbeiteter Bauplan bleibt immer nur ein Plan, und seine Realisierung zwingt den Puppenbauer oft, andere Lösungen zu suchen.

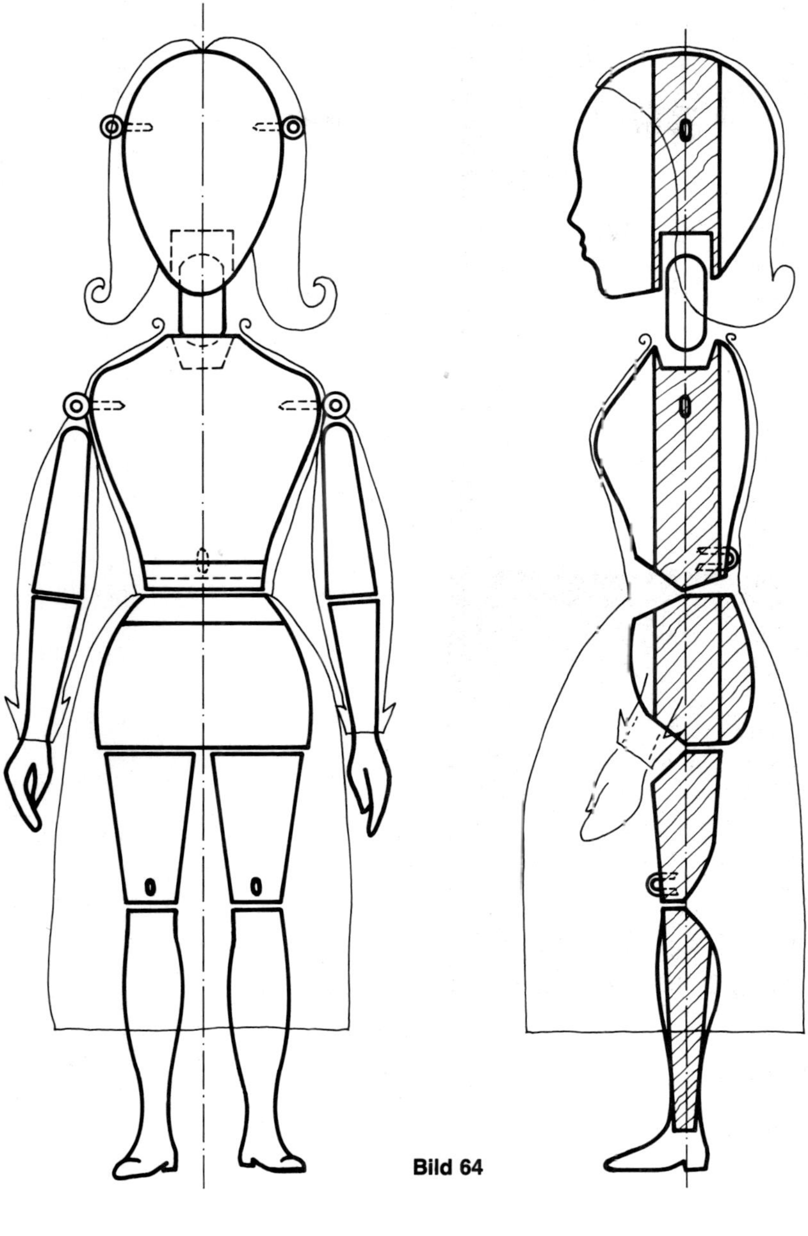

Bild 64

Entwurf und Bauplan

Ohne gründliche Vorbereitung ist es kaum möglich, eine Fadenmarionette zu bauen, mit der es sich gut spielen läßt. Der Entwurf ist wichtig: durch jede Einzelheit, die man dem Zufall überläßt, wird der Schlußeffekt der ganzen Arbeit in Frage gestellt.

Eine Puppe ist eine Persönlichkeit. Sie verkörpert einen bestimmten Charakter mit seinen ganz individuellen Eigenschaften. Nicht nur der Gesichtsausdruck oder das Kostüm, sondern auch die Haltung von Kopf und Körper, und die Art, wie sie sich bewegt, sagen etwas über sie aus.

Es geht also nicht nur um das Aussehen. Auch ihre Bewegungen müssen bereits in der Konstruktion festgelegt werden. Das bezieht sich vor allem auf die Art des verwendeten Materials, auf Art und Anzahl der Gelenke und sogar auf das Gewicht der einzelnen Teile. Eine Puppe, die – auch wenn sie im einzelnen tadellos funktioniert – keine individuellen Züge und Eigenschaften hat, ist keine gute Puppe. Sie ist dann nur ein mehr oder weniger perfektes technisches Modell.

Grundsätzlich gilt, daß jede Marionette nur die Bewegungsmöglichkeiten haben soll, die sie für ihre Rolle braucht. Jedes überflüssige Gelenk erhöht die Ansprüche an die Führung, ohne daß dies eine Bereicherung für das Spiel bedeutet. Will man kleine Fadenmarionetten für ein „Familientheater" bauen, so soll man möglichst einfach gegliederte Puppen bauen. Der Bau einer etwa 20 cm großen, komplizierten Puppe ist, wenn sie richtig funktionieren soll, die reinste Uhrmacherarbeit. Jeder Millimeter spielt dabei eine wichtige Rolle. Für eine Schulbühne sind Figuren von etwa 35–50 cm am geeignetsten. Größere Puppen verlangen eine größere Bühne und bereiten unter Umständen dem Spieler Schwierigkeiten. Das Bild 64 zeigt den Bauplan einer „Standardmarionette", die als Ausgangspunkt dienen kann. Ein solcher Plan ist natürlich noch zu ergänzen durch Angabe der Werkstoffe für die einzelnen Teile und die Art der Gelenke. Dazu mehr in den folgenden Beschreibungen.

Gewichtsverteilung

„Die Schwerkraft spielt, und der Spieler zieht nur an den Schnüren", so lautet eine Definition des Spieles mit der Marionette. So einfach ist es natürlich nicht. Es stimmt aber, daß die Puppe und ihre einzelnen Teile den physikalischen Gesetzen unterliegen wie jeder frei hängende Gegenstand. Der erste Versuch, eine eben gebaute Marionette zu einem Schritt zu bewegen, beweist oft, mit welchen Schwierigkeiten man zu kämpfen hat.

Zuerst: Die Puppe muß ein angemessenes Gewicht haben. Eine zu schwere Puppe ermüdet den Spieler, eine zu leichte ist nicht gut zu lenken, weil sie zu empfindlich ist. Der Schwerpunkt der Puppe muß in dem Körperteil liegen, der sich am wenigsten bewegen soll, normalerweise also im Rumpf, und zwar in den Hüften, und so tief wie möglich. Die Bewegungen des Kopfes und der Glieder, sowie das Reiben in den Gelenken, verursachen ein ständiges Zucken einer Puppe mit zu leich-

tem Rumpf. Da muß man die Hüften noch zusätzlich mit Blei beschweren. Man verwendet Abfallblei, Angler- oder Gardinenblei.
Das Gewicht der Puppe soll an beiden Seiten der vertikalen Achse ausgeglichen sein: ein Ungleichgewicht beeinflußt das Spiel der Puppe in ungünstiger Weise. Auch das Gewicht des Kopfes muß sich richtig zum Gewicht des Rumpfes verhalten. Ein schwerer Kopf oder einer mit Übergewicht im Hinterkopf ist ein schier unüberwindliches Hindernis beim Spiel.

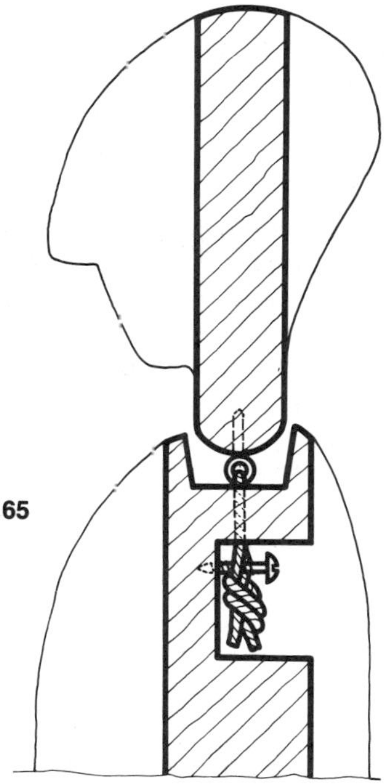
Bild 65

Kopf

Der Kopf braucht einen hölzernen Kern, worin sich die Ösen für die Führungsfäden und das Halsgelenk befestigen lassen. Er wird aus einer Sperrholzplatte von 1–1,5 cm Dicke ausgesägt. Der auf einem Styroporkern modellierte Kopf wird halbiert und vorne und hinten auf die Holzplatte aufgeklebt. Man kann den Kopf auch gleich auf einen Holzkern modellieren, falls er dabei nicht zu schwer wird.

Hals

Der Hals ist entweder fester Bestandteil des Kopfes (Bild 65), oder ein selbständiger Teil, der nicht nur mit Rumpf, sondern auch mit dem Kopf beweglich verbunden ist (Bild 66). Als Halsgelenk eignen sich am besten zwei gegenseitig eingehakte Leder- oder Schnurösen. Man kann auch eine Kombination von Metallöse (Ringschraube) und Lederöse nehmen. Ein Gelenk aus zwei Ringschrauben ist wenig geeignet.

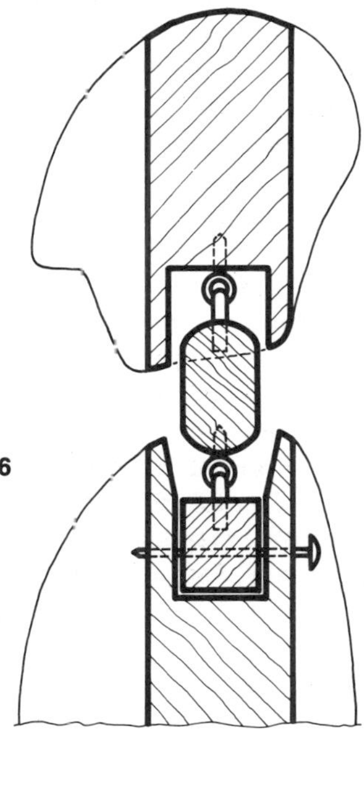
Bild 66

Die Ösen der Gelenke sind in den Aushöhlungen des Rumpfes und des Kopfes versteckt. Tiefe und Breite der Aushöhlungen bestimmen die Bewegungsmöglichkeit des Halses.
Eine günstige Verbindung des Halses mit dem Rumpf zeigt das Bild 66. Die Öse ist nicht direkt im Rumpf befestigt, sondern in einem kurzen Runddübel oder eckigen Klotz. Dieser Klotz wird in eine entsprechende Höhle im Rumpf eingesteckt und mit Stift oder Schraube befestigt. Das erleichtert eine Demontage des Kopfes, wenn die Reparatur oder Korrektur des Gelenkes nötig wird.

Rumpf

Ähnlich wie der Kern des Kopfes, wird der Kern des Rumpfes aus Holz ausgesägt. Er muß etwa 2 cm dick sein. Man kann auch mehrere dünne Sperrholzplatten zusammenleimen (z. B. mit Ponal). Das Zusammenleimen ist für denjenigen von Vorteil, der keine Stich- oder Bandsäge hat und es erleichtert auch die Bildung der Halshöhle (Bild 67).

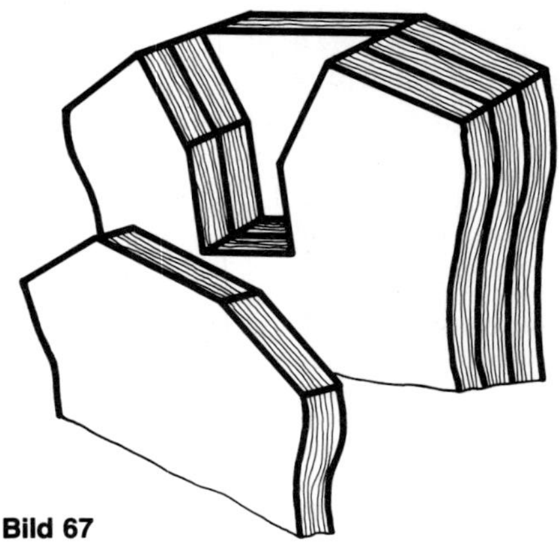

Bild 67

Ein Rumpfgelenk ermöglicht der Puppe, sich in der Taille zu beugen. Aber auch eine solche Beugung muß dem Charakter der Puppe entsprechen; bei manchen Figuren ist ein solches Gelenk überhaupt nicht vonnöten. Das Bild 68 zeigt ein Rumpfgelenk in Front-

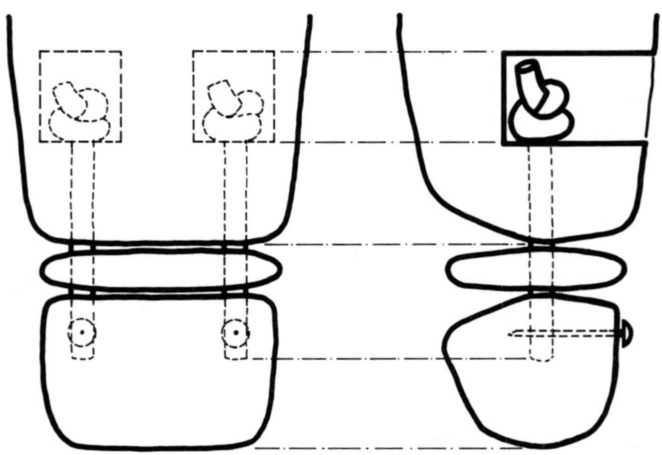

Bild 68

und Seitenansicht. Dieses Gelenk ist sehr beweglich. Es besteht aus zwei Schnüren oder Riemchen, die in die Löcher in Brust- und Hüftteil eingeklebt sind. Die kleine Platte, die zwischen die beiden Rumpfteile eingesetzt ist, ist so geschliffen, daß die Biegung des Rumpfes wie gewünscht begrenzt wird. Sonst eignet sich für den Rumpf ein Gelenk aus Leder oder ein Metallscharnier am besten. Auch hier begrenzen wieder die schrägen Schnitte an Bauch und Rücken die Beugung.

Arme

Schulter- und Ellbogengelenke sind schon auf S. 54/55 beschrieben worden. Sollen die Schultern unbekleidet sein, so gibt es dafür einige ziemlich komplizierte Gelenke, die in der Anfertigung anspruchsvoll sind. Eine einfache Verbindung der Schulter mit dem Oberarm mittels eines runden Riemens oder einer Schnur tut aber die gleichen Dienste (Bild 69).

Hände

Bei kleineren Puppen ist ein Gelenk in der Handwurzel überflüssig. Für größere Puppen mag es in Frage kommen, man sollte jedoch zunächst überlegen, ob eine solche Beweglichkeit bei der

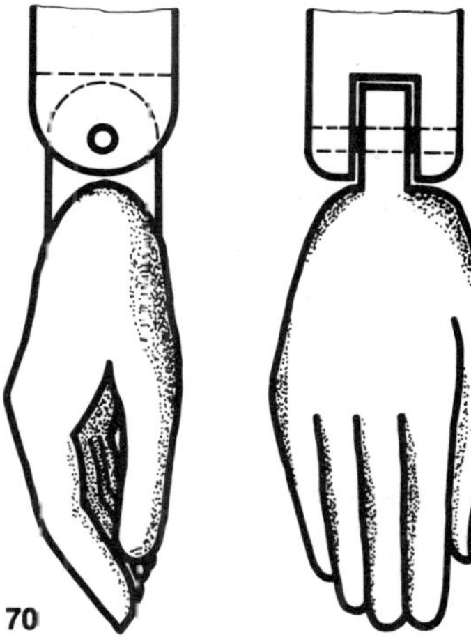

Bild 70

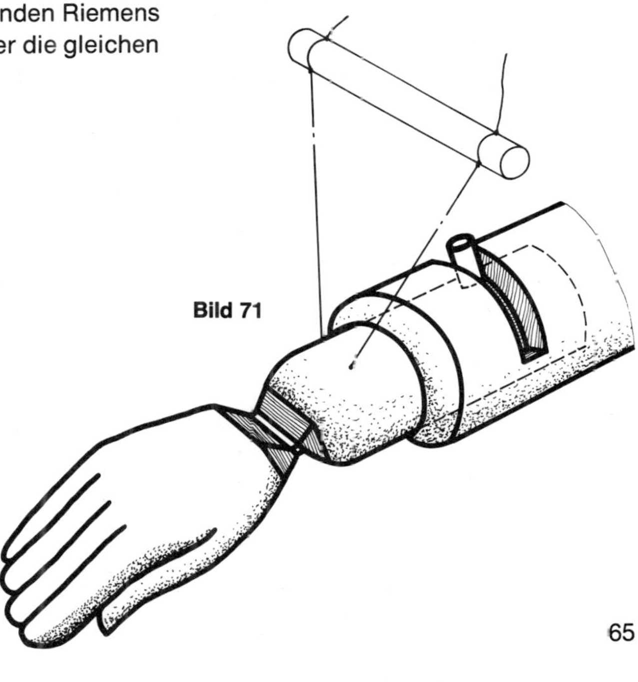

Bild 71

Bild 69

Puppe wirklich wichtig ist. Für eine geschmeidige Handbewegung ist ein Ledergelenk gut, sonst läßt sich ein Zapfengelenk aus Holz oder Holz und Metall gut verwenden (Bild 70).
Auch eine Drehung der Hand ist möglich (Bild 71). Die Hand ist durch ein Ledergelenk mit einem kurzen Rundholz verbunden, für das im Unterarm ein entsprechend großes Loch ausgebohrt ist. Damit das Rundholz im Arm hält und die Handdrehung begrenzt ist, wird er mit einem Stift ausgerüstet. Der Stift bewegt sich in einem im Arm ausgeschnittenen Schlitz.

Beine

Die Konstruktion der Beine mit den Kniegelenken ist schon in den Kapiteln über die Marionette am Draht beschrieben worden. Auch die Hüftgelenke konstruiert man wie bereits beschrieben. Neben vielen verschiedenen Arten von Hüftgelenken bewährt sich das Zapfengelenk (Bild 72).
Die größte Schwierigkeit bei einem solchen Gelenk ist das Bohren der Löcher für die Metallachse. Man muß Glück haben, um mit einer üblichen Bohrmaschine einen so langen Bohrungsgang durchführen zu können, ohne von der Richtung abzuweichen. Einfacher ist es, drei gleich große Holzklötze zu durchbohren, auf eine Achse zu spießen und in gewünschter Position an den Körpergrund anzuleimen. Man kann auch in den Klötzen eine Lagerung für die Achse mit einer Feile aushöhlen. Als Achse eignet sich ein Eisen- oder Stahldraht von 3 mm (Bild 73).
Statt zu bohren, kann man auch eine Lagerung aus Sperrholzstreifen kleben: Zwei Streifen von etwa 3,25 mm Dicke bilden die seitlichen Wände der Lagerung, und die Holzklötze schließen wie ein Deckel die Lagerung ab (Bild 74).
Ein weiteres Gelenk, das ziemlich leicht anzufertigen ist, zeigt Bild 75. Der dicke Draht, an dem das Bein hängt, ist nur an zwei Punkten des Puppenkörpers befestigt, wodurch sich eine genaue Stellung der Beine gut erreichen läßt.

Fußgelenk

Ein Fußgelenk ist nur selten wünschenswert. Bei kleinen Puppen oder bei Puppen, die einen langen Rock tragen und deren Füße kaum aus dem Kleid herausragen, ist eine Fußbewegung unnötig. In Fällen, wo das Spiel mit einer Fußspitze Bedeutung haben kann, eignet sich dafür ein Ledergelenk (Bild 76), ein Zapfengelenk (Bild 77), oder ein einfaches Gelenk, wie das Bild 78 zeigt.

Zusammenbau

Wie bei allen Puppenarten ist es sinnvoll, alle Einzelteile anzufertigen, und dann erst mit dem Zusammensetzen zu beginnen. Da man damit rechnen muß, daß Änderungen notwendig sind, sollte man alle Verbindungen, wie Ösen, Achsen und Stifte, gut zugänglich machen. Eine Puppe, die sich leicht auseinandernehmen läßt, ist auch gut zu reparieren.

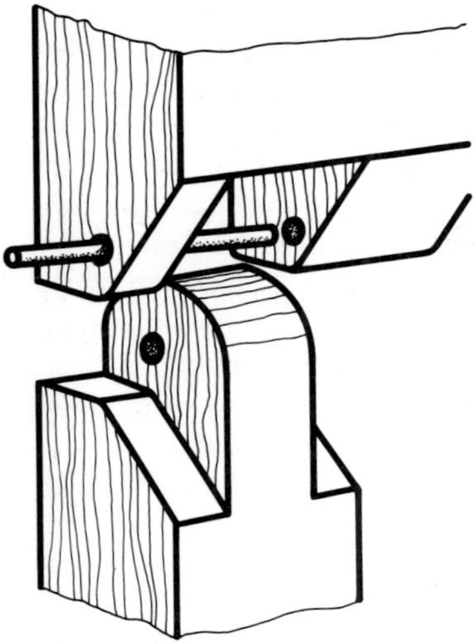

Bild 72

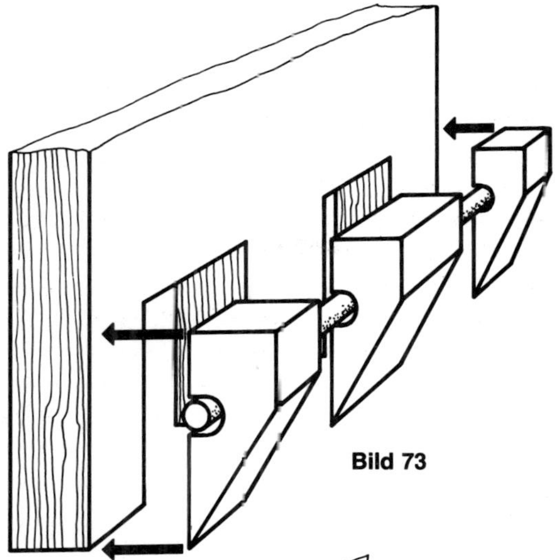

Bild 73

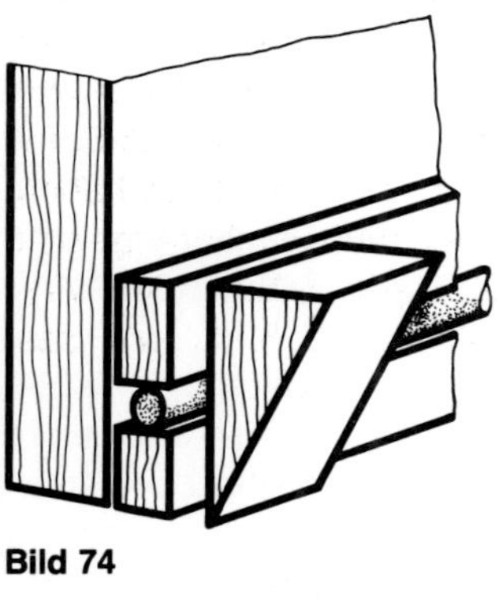

Bild 74

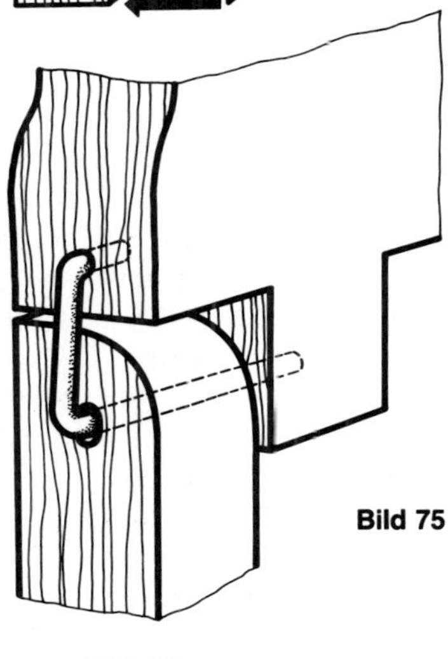

Bild 75

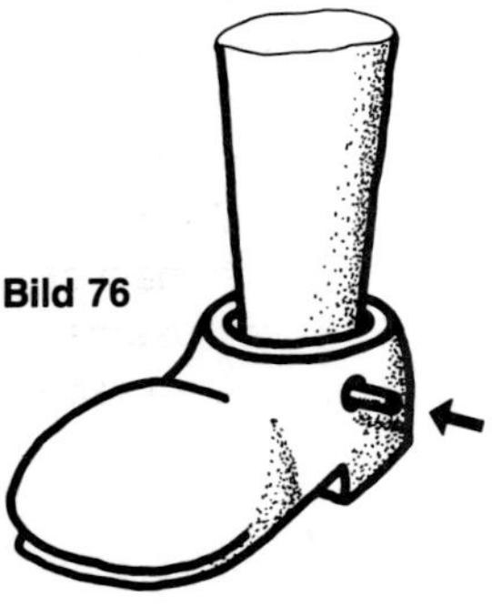

Bild 76

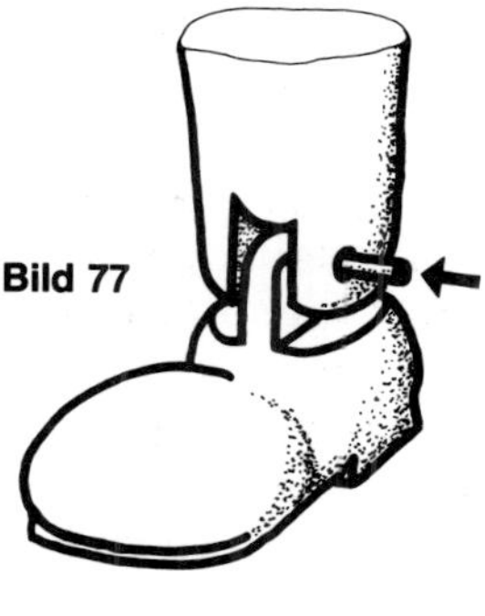

Bild 77

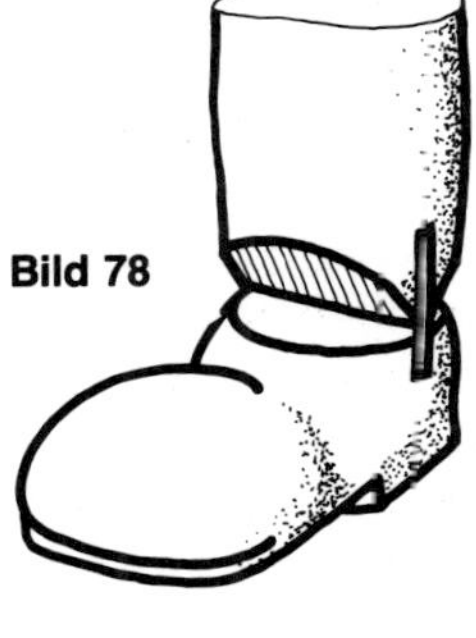

Bild 78

Führungskreuz

Es gibt mehrere und ganz unterschiedliche Arten, wie die Fadenmarionetten gelenkt werden. Zum Beispiel so, daß die Fäden direkt an den Fingern des Spielers mit Ringen befestigt sind. Oder so, daß die Fäden vom Kopfe der Puppe zu einem Stirnband am Kopfe des Spielers führen. Oder es sind alle Fäden auf einer Holzplatte aufgehängt.
In den europäischen Ländern sind sogenannte Führungskreuze oder Spielkreuze üblich. Von denen gibt es viele Varianten, aber im Grunde kann man sie in waagrechte, senkrechte und schräg geführte Kreuze einteilen.
Es gibt Marionettenspieler, die nur auf ihre eigene Art des Kreuzes schwören und diese für die einzig richtige halten.
Die senkrechten Kreuze nehmen weniger Platz ein und ermöglichen den Figuren, eng beieinander zu stehen. Sie sind also für ein Ensemblespiel gut geeignet. Die senkrechte Haltung ist für die Hand des Spielers ziemlich bequem und läßt sich auch gut kontrollieren.
Das Halten des waagrechten Kreuzes ist für die Hand wesentlich mühseliger. Ein Kreuz in waagrechter Lage beansprucht auch mehr Platz. Es ist aber besser für zusätzliche Fäden und Hebel geeignet. Seine Balken lassen sich gut verlängern, so daß die Fäden übersichtlicher und besser erreichbar werden. Für eine Puppe mit anspruchsvollen Soloauftritten und vielen Fäden ist ein waagrechtes Kreuz durchaus von Vorteil.
Ein schräggehaltenes Kreuz versucht die Vorteile der beiden erstbeschriebenen Kreuze zu vereinigen und deren Nachteile zu beseitigen. Die schräge Haltung entspricht der Anatomie der führenden Hand am besten, die Kontrolle der richtigen Haltung des Kreuzes aber ist etwas schwieriger.
Alle drei Kreuzarten beruhen auf dem gleichen Prinzip: Die Tragfäden, an denen die Puppe hängt, sind an ihren Schultern befestigt. Am Kreuz verbinden sich diese Fäden zu einem Punkte, damit eine Neigung des Kreuzes ohne Wirkung auf den Rumpf bleibt.
Um die Regelmäßigkeit der Schritte zu erreichen, führen die Fäden der Beine zu einer Schwinge. Jeder Arm dieser Schwinge bewegt ein Bein.
Der Kopf wird mit Hilfe von zwei parallel laufenden Fäden direkt durch die Bewegung des Kreuzes geführt. Ein Faden vom Rücken ermöglicht, daß sich die Puppe in der Taille beugen kann. Jede Hand wird von einem oder auch mehreren Fäden gelenkt, je nachdem, welche Aufgaben sie erfüllen soll. Eine „normale" Puppe braucht also 9 Fäden.
Ein sehr großes Spielkreuz bedeutet keine Verbesserung. Es darf auch nicht zu schwer sein. Das Tragholz des Kreuzes soll der Handgröße des Spielers entsprechen, Querbalken und Schwingen müssen in richtiger Relation zur Größe der Puppe stehen.
Das Tragholz wird aus einem Stück angefertigt. Es kann auch aus mehreren Schichten Holzstreifen zusammenge-

Der Teufel reitet auf dem Esel – Marionette an Fäden (Steinauer Marionettentheater)

leimt werden, was das Bohren des Schlitzes für die Beinschwinge erspart. Am Griff angebrachte Korken geben ihm eine handgerechte Form.

Senkrechtes Spielkreuz

Das senkrechte Spielkreuz, auch tschechisches Kreuz genannt, wird im Bild 79 gezeigt. Sein Griff ist ca. 2 × 2 cm stark und hat eine Länge von etwa 20 cm, ebenso die Beinschwinge. Der Kopfbalken ist 10 cm, der obere Balken für die Hände 6 cm und der schräge Stab hinten 8–10 cm lang. Die angegebenen Maße gelten nur ungefähr. Wichtig ist, daß die Hand genug Platz am Griff findet und die Beinschwinge genug Spielraum hat. Es ist ratsam, die Balken zunächst etwas länger zuzuschneiden, und sie, bei Bedarf, erst bei dem Aufschnüren der Puppe zu kürzen.

Der Drahthaken am oberen Ende des Griffes dient zum Aufhängen der Puppe.

Für die Führungsfäden bohrt man in das Spielkreuz an den dazu vorgesehenen Stellen Löcher. Für die Handfäden würde eine Öse genügen, zwei Ösen oder Ringschrauben ermöglichen aber, daß der Spieler, ohne suchen zu müssen, den richtigen Faden findet. Eventuell wird der obere Balken des Kreuzes verbreitert, damit man dort zusätzliche Fäden anbringen kann.

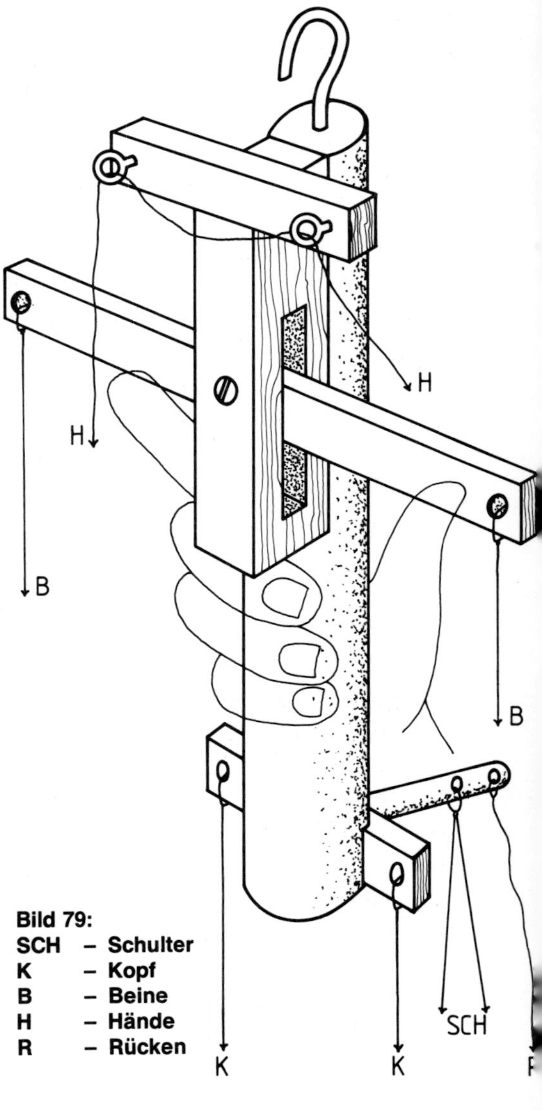

Bild 79:
SCH – Schulter
K – Kopf
B – Beine
H – Hände
R – Rücken

Bild 80:
SCH – Schulter
K – Kopf
B – Beine
H – Hände
R – Rücken

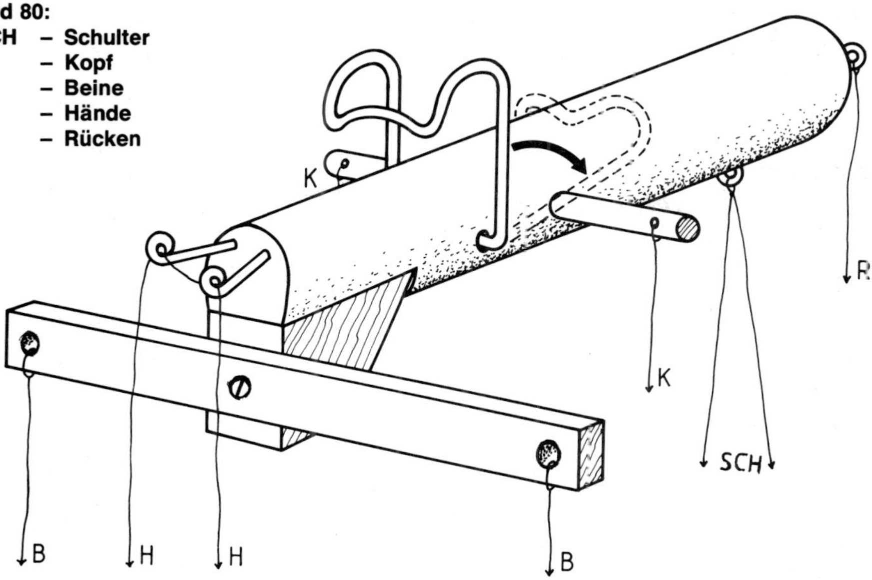

Waagrechtes Spielkreuz
Das Bild 80 zeigt das waagrechte Kreuz. Material und Anfertigung sind mit dem senkrechten identisch. Damit der Aufhängehaken nicht beim Spielen stört, macht man ihn umklappbar.

Schräges Spielkreuz
Ein ausgezeichnetes schräges Führungskreuz für die technisch anspruchsvolle Marionette hat Fritz Herbert Bross konstruiert. Er bringt Verbesserungen, die das Halten des Kreuzes und das Lenken der Puppe deutlich erleichtern. Die Grundsätze dieses Kreuzes eignen sich auch gut für jene, welche für einfachere Puppen im Ensemblespiel bestimmt sind (Bild 81).
Ähnlich wie bei dem senkrechten und waagrechten Kreuz hält der Spieler den Griff mit dem dritten, vierten und dem kleinen Finger. Für den dritten Finger ist im Griff eine halbrunde Aushöhlung angebracht, und ähnliche Ausschnitte für den Daumen und den Zeigefinger befinden sich in der Schwinge, die die Füße bewegt.

Bild 81:
SCH – Schulter
K – Kopf
B – Beine
H – Hände
R – Rücken

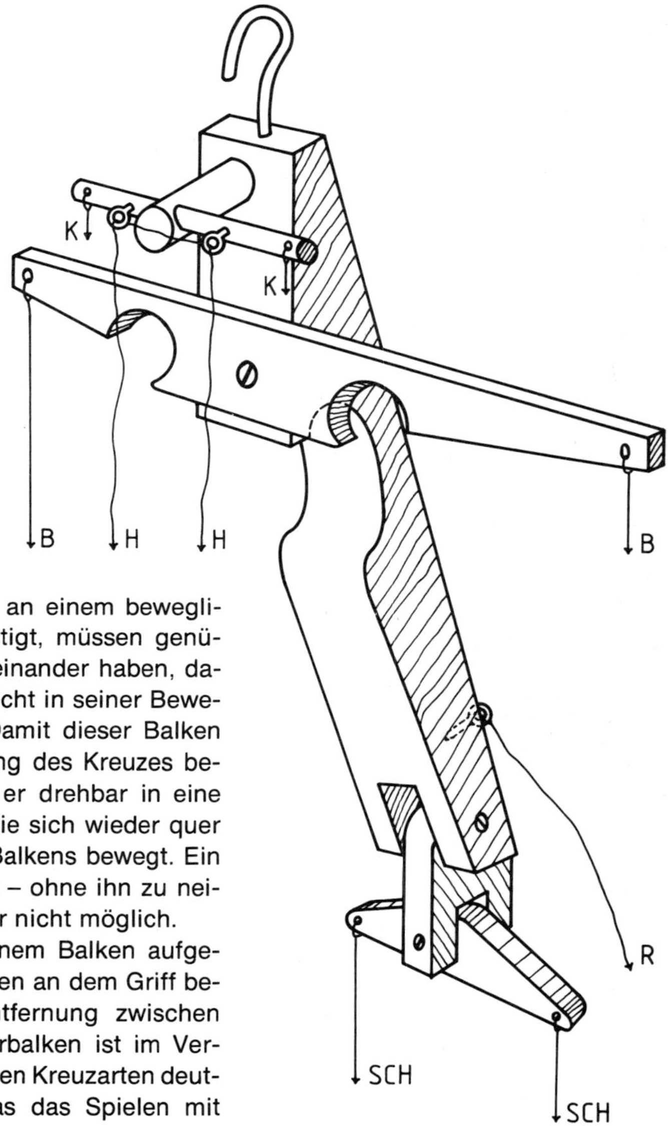

Die Schulterfäden, an einem beweglichen Balken befestigt, müssen genügend Abstand voneinander haben, damit sie den Kopf nicht in seiner Bewegung behindern. Damit dieser Balken bei jeder Einstellung des Kreuzes beweglich bleibt, ist er drehbar in eine Gabel eingesetzt, die sich wieder quer zur Richtung des Balkens bewegt. Ein Drehen des Kopfes – ohne ihn zu neigen – ist damit aber nicht möglich.
Der Kopf ist an einem Balken aufgehängt, der hoch oben an dem Griff befestigt ist. Die Entfernung zwischen Kopf- und Schulterbalken ist im Vergleich zu den anderen Kreuzarten deutlich verlängert, was das Spielen mit dem Kopf erleichtert. Statt einer Kombination weiterer Drehhölzer und Hebel, die Bross an diesem Balken für die Handfäden anbringt, genügen bei einfacheren Marionetten zwei Ringschrauben.

Aufschnüren

Wie gut man eine Puppe lenken kann, ist davon abhängig, wie gut man sie aufschnürt. Ungeduld ist dabei ein schlechter Helfer. Gibt es mehrere Figuren zu fädeln, lohnt es sich durchaus, eine Art von Galgen herzustellen, mit dem man sich seine Tätigkeit erleichtert. Ein solcher Galgen kann zum Beispiel auf einem Scheinwerferständer befestigt werden, oder auch mit einer Schraubzwinge am Tisch (Bild 82). Der Galgen muß so hoch sein, daß damit die Fäden für die unter ihm stehende Puppe genau abgemessen werden. Am Galgen befinden sich Haken oder Halter, die das Kreuz in der richtigen Spielstellung halten. Das Einsetzen und Herausnehmen des Kreuzes muß leicht vor sich gehen können.

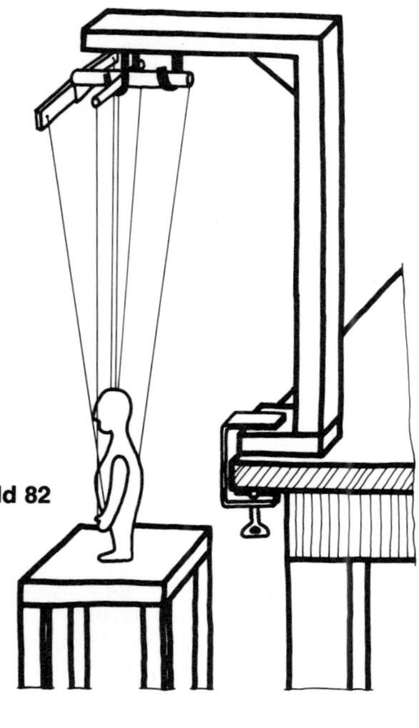

Bild 82

Beim Aufschnüren beginnt man mit dem Kopf. Darauf folgen die Schulterfäden. Um festzustellen, an welchem Punkte des Kreuzes Kopf- und Schulterfäden am besten aufzuhängen sind, geht man davon aus, daß die Bewegung des Kopfes durch einen Hebel geschieht, der Teil des Kreuzgriffes zwischen beiden Aufhängepunkten ist. Dies gilt sowohl bei dem senkrechten als auch beim waagrechten Kreuz. Je kürzer der Hebel ist, desto größer ist sein Arbeitsgang. Mit anderen Worten: das Kreuz muß vom Spieler sehr tief gebeugt werden, damit die Puppe den Kopf neigt. Ein langer Hebel dagegen neigt den Kopf der Puppe auch bei der kleinsten Beugung.

Dasselbe gilt für den Balken, der die Kopffäden hält. Parallel gezogene Fäden ermöglichen eine gute Kontrolle über die seitlichen Kopfbewegungen. Die Löcher für sie im Kopfbalken sollen also in Schläfenbreite voneinander entfernt sein.

Die Länge der Fäden bestimmt die Kopfhaltung: gespannte Fäden ergeben eine stolze, nach oben gerichtete Kopfhaltung, lockere Fäden ergeben eine ständige Neigung des Kopfes.

Hat die Puppe schon Schulterösen zum Aufhängen der Arme, bindet man die Führungsfäden in diese Ösen. Sind die Schultergelenke ohne Metallösen, muß man die Schultern mit Ösen oder Ringschrauben ausrüsten.

Bei einer Puppe mit großem Kopf und schmalen Schultern ist zwischen den Schulterfäden zu wenig Platz, um die Kopfbewegungen auszuführen. Man muß dann die Fäden auseinanderlaufend nach oben ziehen. Bei einem schrägen Kreuz wird der Schulterbalken verlängert. Bei anderen Kreuzarten werden sie auf ein zusätzliches Stäbchen gebracht, und dies wird dann wie bei einer Waage aufgehängt. Genügen diese Änderungen nicht, muß man die Ösen an den Schultern verlängern, wie es Bild 83 zeigt.

Bild 83

Der Rückenfaden wird, etwa in Höhe der Taille, mit einer Öse befestigt, bei Puppen mit gegliedertem Rumpf am oberen Teil des Rumpfes. Der Rückenfaden muß so lang sein, daß er auch dann locker bleibt, wenn die Puppe den Kopf tief neigt. Der Rücken darf sich bei einer Kopfneigung nicht mitbewegen.

Die Hände werden meistens nur von einem Faden geführt, der durch ein oder zwei Ringschrauben am Balken geht. Werden Hände von mehreren Fäden gelenkt, ist es nötig, die Fäden an dem für sie bestimmten Balken festzubinden.

Die Handfäden müssen locker sein, damit die Arme ganz frei hängen. An der Hand mit fester Handwurzel wird der Faden entweder in der Handfläche oder im Unterarm befestigt. Bei einer Hand mit Handgelenk sind wahrscheinlich zwei Fäden nötig. Eine Hand mit drehbarem Handgelenk benötigt auch mindestens zwei Führungsfäden, um die Hand damit nach oben und unten zu drehen. Sie werden auf einem zusätzlichen Stab befestigt (Bild 71). Das Aufhängen der Beine ist auf S. 43 beschrieben. Wenn besondere Bein- oder Fußbewegungen ausgeführt werden sollen, sind zusätzliche Fäden oder auch Balken erforderlich. Soll die Puppe ein Bein ganz nach oben heben können, wird ein Führungsfaden an der Fußspitze befestigt, für Rückwärtsschritte braucht sie Fäden von Fersen usw. An den Beinen mit Fußgelenken führt der Faden von der Schuhspitze durch eine Öse am Knie oder am Oberschenkel.

Die Ösen und Ringschrauben werden unter dem Kleid der Puppen versteckt und die Fäden durch den Stoff durchgezogen.

Teufel Rosenkranz – Marionette an Fäden (Steinauer Marionettentheater, mit freundlicher Genehmigung des Verlags Karl Langewiesche Nachfolger)

Anmalen und Kostümieren

Im Kapitel von der Marionette am Draht ist das Anmalen und Kostümieren der Puppen bereits beschrieben. Da diese Puppen größer sind, haben ihre Kostüme noch mehr den Zuschnitt menschlicher Kleider. Wieder aber müssen sie aus weichen und fließenden Stoffen genäht werden.

Soll in einem Stück eine Gestalt in Verkleidung auftreten, so bleibt nichts anderes übrig, als zwei gleiche Puppen mit unterschiedlicher Kleidung zu bauen. Denn eine Marionette wirklich schnell umzuziehen, ist fast unmöglich. Noch besser ist, eine Verkleidung nur mit einem auffallenden Detail anzudeuten, wie z. B. durch eine Mütze, einen Schal oder eine Pelerine. Diese müssen meistens zerschnitten werden, damit sie sich über die Fäden ziehen lassen. Man kann sie dann durch Druckknöpfe verschließen.

Aber nicht nur aus praktischen Gründen soll man komplette Verkleidung im Puppentheater vermeiden. Durch ein anderes Kostüm wird nicht nur das Aussehen einer Puppe völlig verändert, sondern auch die Art, wie eine Puppe sich bewegt. Und der Zuschauer könnte meinen, eine andere Puppengestalt vor sich zu haben.

Tierfiguren

Tierfiguren, wenn sie sich leicht und glaubwürdig bewegen sollen, stellen an das Geschick des Erbauers und Spielers oft noch größere Ansprüche als die menschlichen Gestalten. Es ist schon eine Art von Puppenspielabitur, wenn ein Marionettenspieler die Gangart eines Hirsches oder die majestätischen Flügelbewegungen eines Adlers gut nachvollzieht. Da braucht man manchmal Hilfe eines Bühnenbildners, der steife und schwankende Glieder hochbeiniger Vierfüßler geschickt mit Gebüsch abdeckt. Aber oft ist es überhaupt nicht nötig, anatomische oder Bewegungsstudien anzustellen. Eher sollte man die Bewegungen von Tieren reduzieren auf die, die für sie charakteristisch sind und für das Spiel Bedeutung haben.

Ein Beispiel für eine Tiermarionette ist mit Bild 84 gegeben. Wie bei der menschlichen Figurine, ist der Rumpf aus Holz, oder hat einen Holzplattengrund, der dann mit Styropor, Schaumstoff oder Knetmasse in die gewünschte Form gebracht wird. Da der pendelnde Schritt von vier Beinen die Puppe leicht ins Schwanken bringt, ist es notwendig, den Rumpf schwer genug zu arbeiten.

Die Beine werden zum Rumpfe drehbar mit Schrauben befestigt. Als Knie und Fußgelenke eignen sich am besten Zapfengelenke. Dünne Tierbeine müssen Gelenke aus Metall haben, damit sie fest genug sind. Die Hinterbeine müssen nicht immer in drei Teile gegliedert werden. Bei kurzen Beinen ist eine Gliederung sogar überflüssig.

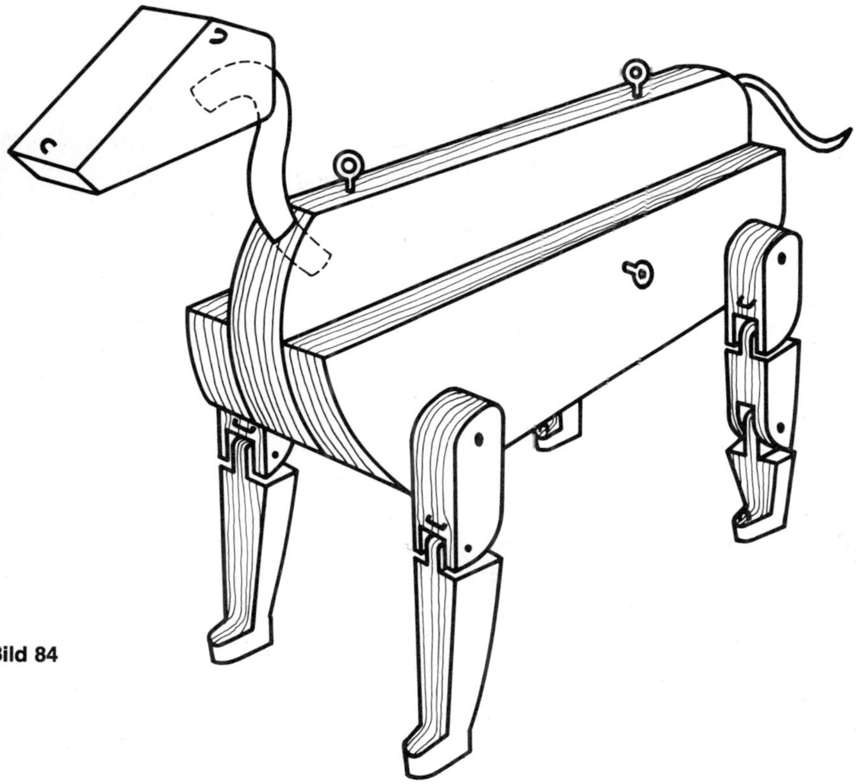

Bild 84

Auch steife Beine, wenn sie nur zum Rumpf hin beweglich sind, genügen für das Spiel. Wenn der Rumpf gegliedert sein soll, zum Beispiel bei einer Katze, eignen sich dazu gut die schon erwähnten Rumpfgelenke.

Der Hals läßt sich – je nach der gewünschten Länge – gut aus Schaumstoff, einer dicken weichen Schnur oder aus Leder anfertigen. Auch eine Kette von passend geschliffenen und auf eine Schnur aufgezogenen Holzteilen ergibt einen gut beweglichen Hals.

Spielkreuz für Tierfiguren

Für Vierfüßlergruppen ist nur das waagrechte Spielkreuz geeignet (Bild 85). Die Puppe hängt an zwei Fäden, die am Rücken befestigt sind: einer etwa an der Schulter, einer am Hinterteil. Zur Führung der Beine sind am Spielkreuz zwei unbewegliche Querbalken befestigt. Neigt der Spieler das Kreuz, so macht die Puppe Schritte. Die Fäden der Hinterbeine müssen oft durch Führungsösen (an beiden Seiten des Rumpfes) gezogen werden, damit sich die Beine richtig bewegen.

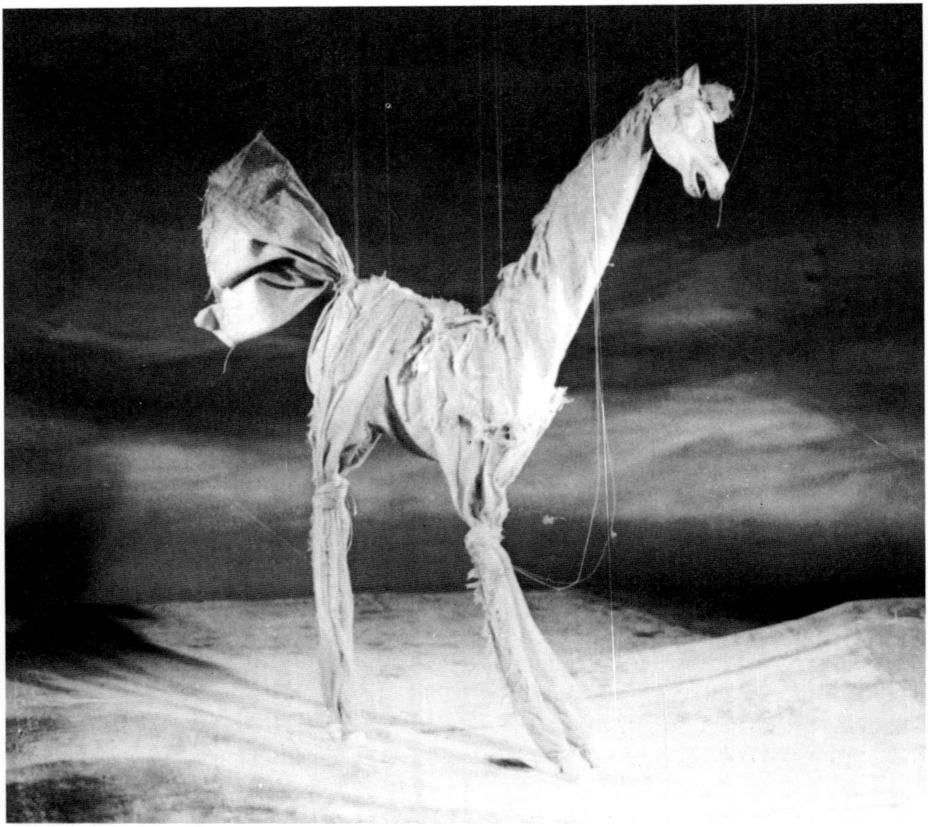

Pferdchen – Marionette an Fäden (Marionettentheater „Tandarica“, Rumänien)

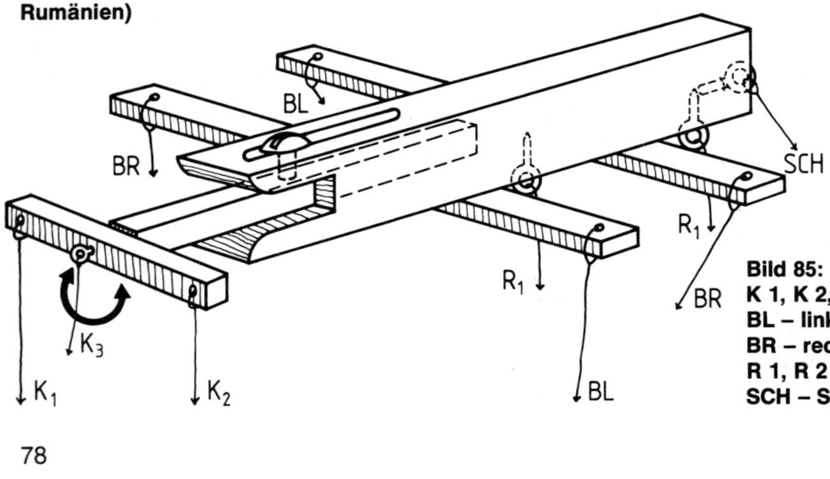

Bild 85:
K 1, K 2, K 3 – Kopf
BL – linkes Bein
BR – rechtes Bein
R 1, R 2 – Rumpf
SCH – Schwanz

Hängen die linken Beine an linken Balkenarmen und die rechten Beine an rechten, so macht das Tier Schritte wie ein Pferd im Paßgang. Für einen normalen Links-Rechts-Schritt müssen die Fäden von einem Beinepaar kreuzweise geführt werden. Vom linken Bein nach rechts, vom rechten nach links.

Der Kopf wird von einem zusätzlichen Balken aus gelenkt. Dieser ist entweder beweglich angebracht, oder abnehmbar aufgehängt, und zwar am Spielkreuz vorne (Bilder 47 und 48). Um das zusätzliche Spielholz beweglich oder fest mit dem Kreuz verbinden zu können, bewährt sich die Vorrichtung auf Bild 85. Das Spielholz in T-Form besteht aus einem Vierkantstab und einem drehbar daran befestigten Balken. Für diese Teile ist im Vorderteil des Kreuzes eine Lagerung angebracht. Wird das Spielholz nach vorne geschoben, ist der Balken frei und somit beweglich, zurückgeschoben rastet er in die Lagerung ein und sitzt fest. Zum Schieben dient eine Schraube, die durch einen Schlitz im Griff des Spielkreuzes herausragt. Sie verhindert auch, daß das Holz aus der Lagerung herausrutscht.

Bei Zweibeinern, z. B. Affen oder Vögeln, muß man den Baustil von Zweifüßlern und Vierfüßlern zu kombinieren suchen. Ein auf der Stange sitzender Papagei wird anders konstruiert und von einem anderen Spielkreuz gelenkt als ein laufender Strauß oder eine fliegende Krähe.

Die Spielkreuze mit festen oder schwingenden Balken eignen sich aber nicht für alle Bewegungen. So gibt es auch drehbare und klappbare Balken (Bild

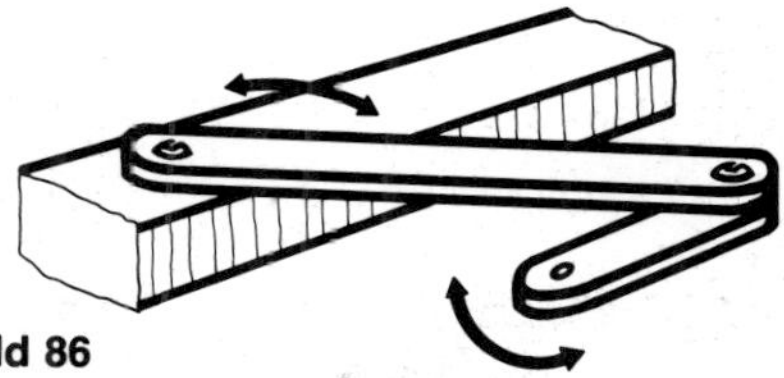

Bild 86

86), oder man kann die Elastizität von Gummizügen und Spiralfedern ausnützen (Bild 87) oder andere Arten von Schwingen und Hebeln verwenden.

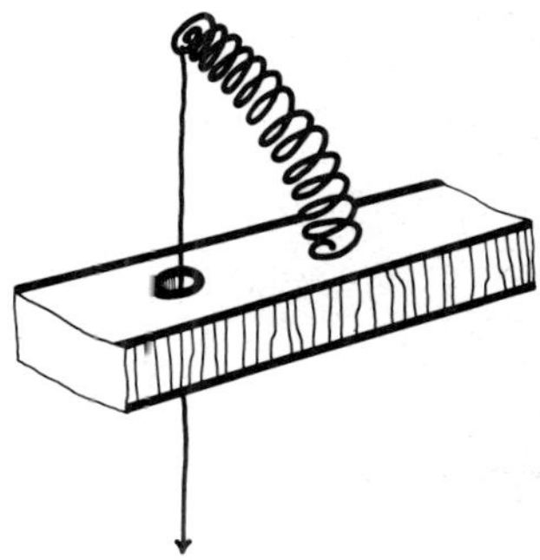

Bild 87

Man soll aber nie vergessen, daß technisch einfache Lösungen immer die sichersten sind und infolgedessen meistens auch die besseren. Eine komplizierte Lenkung, auch wenn sie technisch einwandfrei funktioniert, neigt dazu, aus der Marionette einen Mechanismus zu machen, der mehr den physikalischen Gesetzen unterliegt als der Phantasie des Puppenspielers.

Die Bühne und ihre Ausstattung

Tischbühne

Ein Tisch ist die am leichtesten erreichbare Bühne für alle Arten von Marionetten. Die Marionette am Stab braucht keine besondere Bühnenausstattung. Man stelle sich das herrliche Abenteuer vor, wenn so ein kleines Wesen, ähnlich wie Gulliver im Lande der Riesen, Bekanntschaft mit den Gegenständen macht, die auf dem Tisch zurückgelassen wurden. Wenn Dekorationselemente für die Spielsituation unbedingt erforderlich sind, dann auch nur solche einfachster Art.

Mehrere Spieler hinter der Bühne, die sichtbar Puppen und Requisiten vorbereiten oder sich sogar über das Spiel verständigen, wirken störend, und die Aufmerksamkeit der Zuschauer wird von den Puppen abgelenkt. Ein Hintergrund, der etwas höher ist als die Puppen, kann Spieler und Bühne in günstiger Weise voneinander trennen, ohne daß der direkte Kontakt zum Zuschauer verlorengeht. Eine solche Wand als Hintergrund kann aus Karton oder Wellpappe sein. Man biegt diese so, daß sie – eventuell mit Klebeband befestigt – ohne zu kippen auf dem Tisch steht (Bild 88).

Für einen festeren Hintergrund werden zwei Holzsäulen (2 × 2 cm) auf Standplatten mit Schraubzwingen am Tisch befestigt (Bild 89). Ein Holzstab oder eine Gardinenstange wird an den Säulen angebracht, und man erhält damit die Möglichkeit, eine Gardine als Hintergrund zu haben. Man kann mehrere Vorhänge in jeweils passender Farbtönung nehmen.

Bild 88

Bild 89

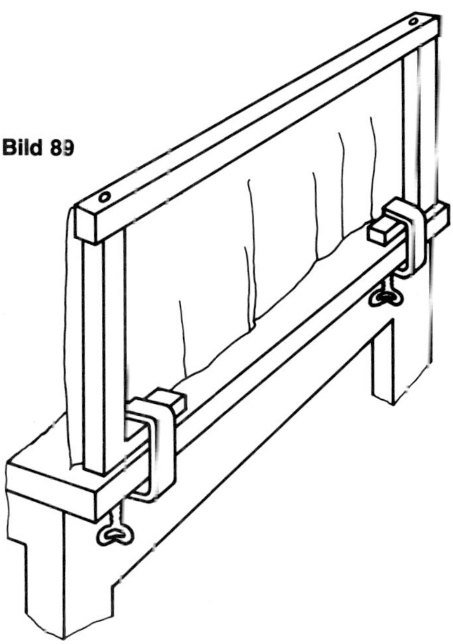

Bild 90

Ein Hintergrund ermöglicht auch bessere Auftritte und Abgänge der spielenden Puppen, und wenn sie es im Spiel brauchen, dient er ihnen als Versteck. Er sollte nicht zu hoch sein: die Hände des Spielers müssen unbehindert die Puppen führen können.
Zum Spiel auf der offenen Bühne eignen sich flache Kulissen am wenigsten. Besser wirken sie, wenn sie dreidimensional sind oder zumindest andeuten, es zu sein. Zur Anfertigung von Kulissen eignet sich sehr gut farbiger Pappkarton. Er ist elastisch und doch stabil. Die Auswahl an Farbtönen ist nicht sehr groß, man kann aber mit Plakatfarben oder Filzstiften nachhelfen. Gut ist auch eine Kombination von Karton und Stoff. Stoffreste enthalten oft Farben, Strukturen oder Muster, die gerade das andeuten, was man darstellen will: ein Strohdach, einen blühenden Strauch oder eine Baumkrone ... Man kann die Stoffe, außer in glattem Zustand, auch gekraust oder gerafft aufkleben, womit die Illusion des Plastischen erreicht wird.
Die Bilder 90 und 91 geben ein paar Beispiele dafür, wie man die Kulissen aus Karton anfertigt. Die Kulissen müssen auf jeden Fall standfest gemacht werden. Man kann sie mit Klebeband direkt auf den Tisch kleben, oder auch auf eine Unterlage aus Karton aufkleben, was einen leichteren Kulissenwechsel ermöglicht.
Für das Spiel auf der offenen Tischplatte sollten folgende Grundregeln als verbindlich gelten:
a) Nur diejenigen Dekorationselemente wählen, die eine Funktion im Spiel ausüben. Kulissen, die nur zur Illu-

Bild 91

stration, zur Beschreibung des Spielortes dienen, lieber vermeiden.

b) Kulissen in gedämpften Farbtönen halten und überflüssige Details vermeiden.

c) Kulissen so aufstellen, daß die Puppen zum Spielen genügend Platz haben, vor allem in der Mitte der Bühne. Nur eine Kulisse, die auch zum Mittelpunkt der Handlung gehört, in der Mitte aufstellen.

d) Stehen auf der Bühne gleichzeitig flache und plastische Kulissen, sollten die flachen hinten und die plastischen vorn plaziert werden, nicht umgekehrt.

Selbstverständlich dürfen Kulissen immer nur so hoch sein, daß der Spieler nicht daran stößt und sie umwerfen kann.

Eine einfache Tischbühne hat immer etwas Improvisiertes an sich und bietet dem Spieler eine große Freiheit. Nicht alles, was sich auf ihr abspielt, muß unbedingt perfekt sein. Da kann manches lustig wirken, was auf einer gewöhnlichen Bühne mangelhaft aussieht.

Eine solche Tischbühne ist auch für die Marionette am Draht geeignet, besonders für Schulbühnen. Keine Vorhänge oder Wände verschlucken die ungeschulten Stimmen der jugendlichen Spieler. Auch technische Probleme sind auf einer so einfachen Bühne leicht zu lösen. Und es wird nicht einmal eine spezielle Bühnenbeleuchtung benötigt. Ist eine größere Anzahl von Mitwirkenden an dem Spiel beteiligt, so kann man die Breite der Bühne leicht durch Zusammenstellen mehrerer Tische erzielen. Es kann dann eine Simultaninszenierung stattfinden, d. h.

die Schauplätze des Spieles befinden sich nebeneinander (Bild 92).
Will man die Spielkreuze und die Hände der Spieler doch abdecken, so genügt ein schmaler Streifen Stoff, der, ähnlich wie die Säulen im Hintergrund, vorn am Tisch befestigt wird und sozusagen den oberen Teil eines Portals abgibt. Diese Bühne ist eigentlich die Übergangsform zu einer „richtigen" Bühne.

Bild 92

Schaukastenbühne

Mit einer Schaukastenbühne, d. h. einer Bühne mit festem Portal, Vorhang, Kulissen und Beleuchtung, kann man natürlich manche Theaterstücke besser inszenieren als auf einem offenen Tisch.
Die Spielenden sind unsichtbar, und aus dem verdunkelten Zuschauerraum sieht der Zuschauer in die sonderbare Welt, in der die Puppen ihre lustigen und spannenden Abenteuer erleben. Der geschlossene Vorhang erweckt Neugier und Spannung. Farbige Lampen geben Atmosphäre, zeigen Tag und Nacht an und vermitteln die Stimmung eines verzauberten Waldes oder eines verhexten Schlosses ... Alles wird möglich, alles was man eben nur auf einer Puppenbühne zu sehen bekommt und nur im Puppenspiel glauben kann.

Die Schau- oder Guckkastenbühne hat aber auch Nachteile: die Spieler haben keine gute Sicht in den Zuschauerraum und erleben die Reaktion des Publikums nicht so unmittelbar, wie es für sie notwendig ist. Ihre Stimmen werden von Vorhängen und Wänden verschluckt. Die Dimension der Bühne läßt sich nicht so verändern wie es vielleicht wünschenswert wäre. Die Puppen müssen mit längeren Fäden gelenkt werden, und dazu brauchen die Spieler eine erhöhte Brücke, usw.
Vor allem werden erhöhte Ansprüche an die Perfektion der ganzen Inszenierung gestellt. Die Schaukastenbühne ist ein durchaus richtiges Theater, nur in verkleinertem Maße, und der Zuschauer erwartet, daß alles funktioniert wie in einem richtigen Theater.

Kleine Familienbühne

Der Bau einer kleinen Schau- oder Guckkastenbühne für Puppen von etwa 25 cm Größe bereitet keine unüberwindbaren Schwierigkeiten.
Eine stabile Bühne erfordert jedoch ziemlich viel Platz, der nicht überall gegeben sein wird. Auch in Kindergärten findet man nur selten einen Raum, in dem eine feste Bühne stehenbleiben kann. Gefragt ist also eine Bühne, die sich mühelos auf- und abbauen läßt und die auch nötigenfalls in einem Schrank Platz hat.
Die Grundkonstruktion einer solchen Bühne ist auf Bild 93 dargestellt. Vier Säulen (Vierkantstäbe 2 × 2 cm) sind mit Schraubzwingen auf der Tischplatte befestigt. Die hinteren 50 cm hoch,

Bild 93

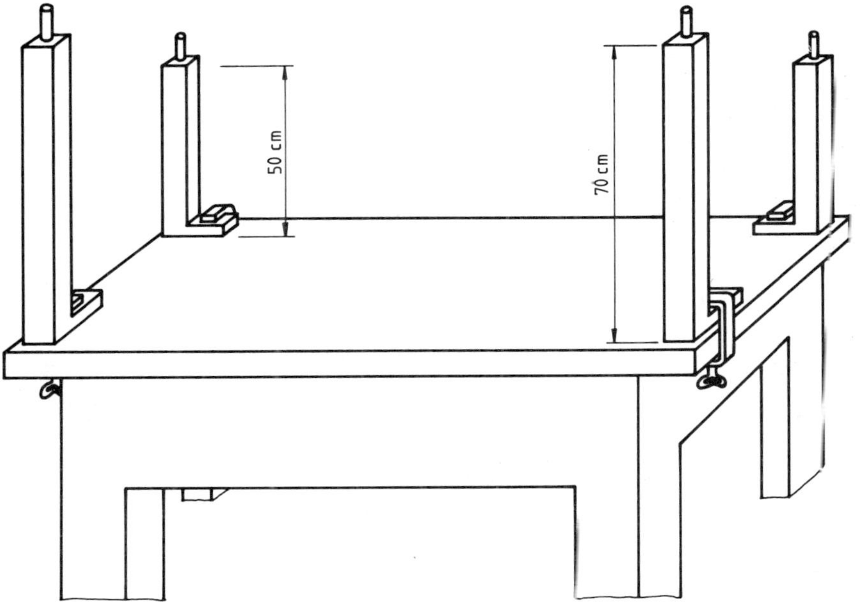

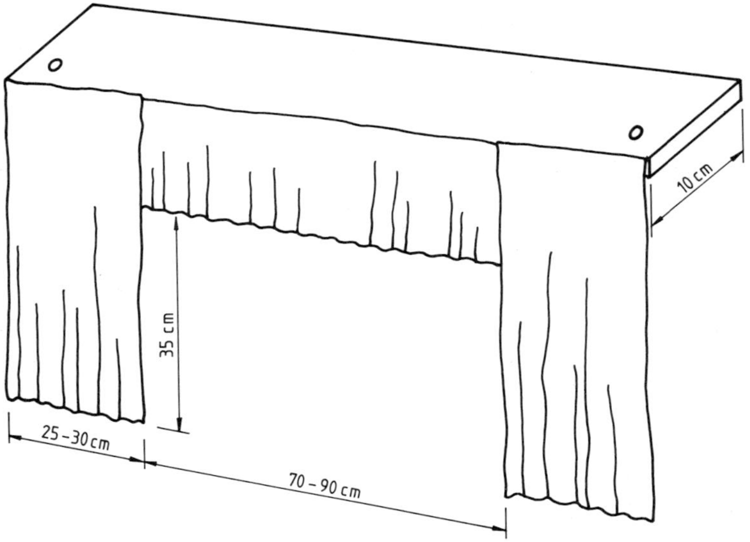

Bild 94

die vorderen 70 cm. Jede endet mit einem Holzdübel von 6–8 mm Durchmesser. Die hinteren Säulen tragen den Balken für den Hintergrundvorhang. Die vorderen Säulen tragen ein Brett, etwa 1 cm dick und 10 cm breit, an dem der Stoff befestigt ist, der das Portal darstellt (Bild 94). Die Breite von Portal und Hintergrund richtet sich nach der Breite des Tisches. Wenn möglich, sollte der Tisch 130–140 cm breit sein.

Das „Portal" ist aus einem dicken, undurchsichtigen Stoff, z. B. aus Samt. Er wird auf das Brett genagelt oder auch mit Klettenband festgemacht. Der Hintergrundvorhang auf dem Balken wird am besten immer mit Klettenband befestigt, damit man bei Bedarf den Hintergrund auswechseln kann. So nimmt man z. B. einen dunkelblauen für die Nacht und einen hellblauen für den Tag.

Den Hintergrundvorhang kann man statt auf eine Holzleiste auch auf eine Gardinenstange hängen oder die Leiste und das Brett vorne anders befestigen, zum Beispiel mit Flügelmutterschrauben. Wichtig ist eine schnelle und sichere Montage.

Größere Marionettenbühne

Bei einem kleinen Familientheater ist es nicht so wichtig, daß die Bühne in einer besonderen Höhe steht. Bei einer begrenzten Zuschauerzahl lassen sich die Stühle immer so stellen, daß jeder gut auf die Bühne schaut. Auch die Spieler müssen für das Publikum durchaus nicht unsichtbar sein. Das Portal begrenzt den Schauplatz, und das, was rings um diesen Rahmen herum zu sehen ist, zählt nicht.

Man kann eine Bühne natürlich völlig abdecken, und den Blick „hinter die Kulissen" verhindern. Es genügt, die Bühne in einen Türrahmen zu stellen und sie oben und unten mit einem Vorhang abzudecken. Wie wir jedoch schon einmal ausführten, verliert das Spiel auf einer unabgedeckten Bühne nicht an Wirksamkeit. Auch ist hinter der Bühne genügend Platz, um Puppen und Requisiten abzulegen, ohne daß der Zuschauer sie vorzeitig sieht.

Bei einer größeren Bühne aber lenkt alles, was nicht direkt zum Spiel gehört, die Aufmerksamkeit des Zuschauers ab, besonders, da es nicht immer ganz geräuschlos zugeht. Die Manipulation mit der technischen Ausrüstung, mit der Tonanlage und mit Vorrichtungen für verschiedene Tricks, können sogar interessanter erscheinen als das ganze Spiel. Man kann dies Problem dadurch lösen, daß man gar nichts versteckt, sondern alles Technische absichtlich in das Spiel mit einbezieht.

Eine solche „antiillusionistische" Inszenierung hat sicherlich einen besonderen Reiz. Die theatralische Illusion hat dann eine andere Dimension. Aber alles, was um die Bühne herum geschieht, muß genau so einstudiert und organisiert sein wie das Spiel selbst, sonst wirkt die ganze Inszenierung unübersichtlich und chaotisch. Wenn man sich das nicht zutraut, ist es leichter, auf einer „üblichen" Bühne zu spielen.

Könnte man dem Puppentheater einen eigenen Raum widmen, wäre es ratsam, die Pläne für den Bau dazu mit einem Fachmann zu diskutieren. Der Aufwand für eine stabile Konstruktion kann nämlich ziemlich hoch sein. Eine unpraktisch gebaute Bühne bringt die Spieler zur Verzweiflung, und oft ist keine Möglichkeit für einen späteren Um- oder Neubau.

Dagegen ist es ohne größeren Aufwand möglich, eine leichte, transportable und variable Bühne zu bauen, wie sie sich zum Beispiel für den Schulgebrauch eignet. Eine solche Bühne wird aus drei Grundteilen bestehen: dem Portal (der Vorderwand mit dem Bühnenausschnitt), der eigentlichen Bühne und der sogenannten Brücke, einem Podest für die Spieler (Bild 95).

Verbindet man diese drei Teile fest miteinander, so spart man zwar an Material, aber jede Erschütterung überträgt sich von einem Teil auf den anderen. Es ist also besser, jedes Grundteil separat aufzustellen. Das ermöglicht dann auch beliebige Veränderungen.

Bedenkt man die Proportionen für den Bühnenbau, so muß man von den Raumverhältnissen ausgehen. Die schematischen Zeichnungen 96 und 97 zeigen zwei Varianten als Beispiel.

Bild 96 zeigt die technisch günstigste Situation: Die Bühnenkonstruktion

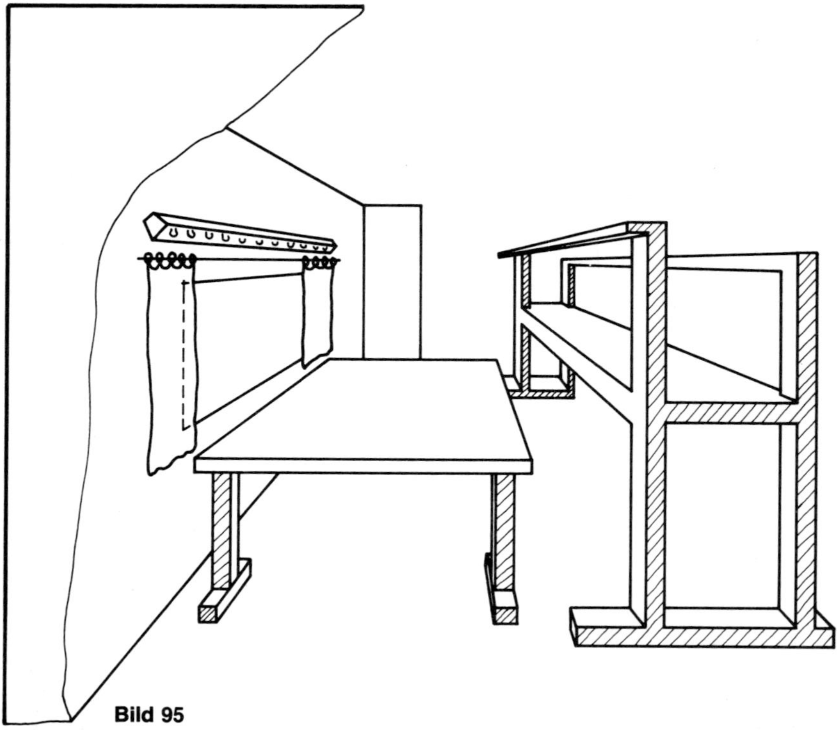

Bild 95

steht auf einem Podest oder auf einer Theaterbühne. Sie selbst ist sehr niedrig. Wenn das Podest einen Theatervorhang hat, dann braucht die Puppenbühne keinen eigenen Vorhang. Wenn das Publikum stufenweise sitzt, ist eine gute Sicht von allen Seiten aus möglich.

Ganz ungünstige Bedingungen bietet ein Raum, in dem es weder Stufen für das Publikum noch ein Podest gibt (Bild 97). Hier muß die Bühne ziemlich hoch gestellt werden, so daß die Zuschauer die Bodenfläche leider nicht sehen können. Und je höher die Bühnenöffnung gestellt ist, desto höher muß auch die Hintergrundwand sein. Ein hoher Hintergrund erfordert eine hohe Brücke für die Spieler, und die Puppen benötigen sehr lange Führungsfäden, eine aufwendige Konstruktion also. Auch das bedeutet für nicht erfahrene Spieler Erschwernis.

Das Portal, welches Vorhang und Rampen oder Scheinwerfer trägt, muß stabil gebaut sein. Die Zeichnung 98 erläutert, wie zwei Holzrahmen die seitlichen Stützen ergeben. Sie sind zusammenklappbar und durch Scharniere miteinander verbunden. Maße und Stärke dieser Rahmen richten sich nach Höhe und verwendetem Material. Bei beträchtlicher Höhe ist es gut, sie zu teilen, um sie transportabel zu machen.

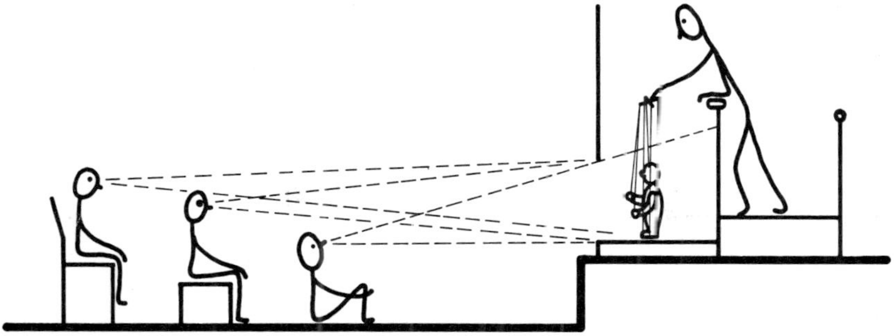

Bild 96

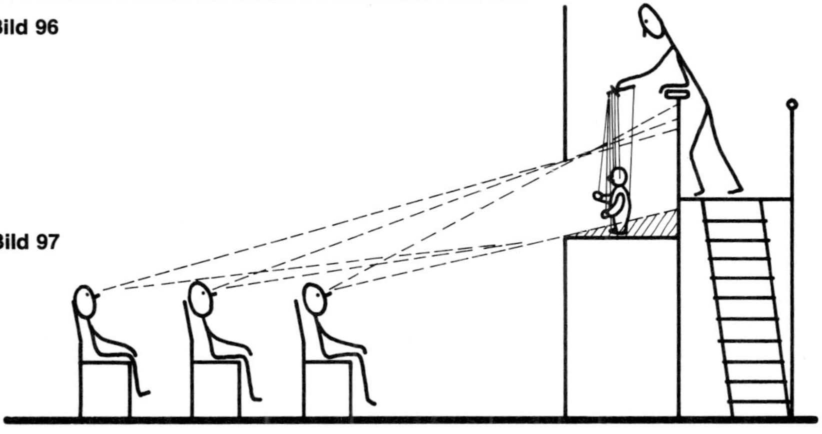

Bild 97

Damit die Rahmen nicht kippen, sind sie unten mit einer Leiste aus Holz oder Metall verlängert, die nach vorne hinüberragt. Oben sind die seitlichen Rahmen mit einem einfachen Rahmen verbunden. Unten, in der Höhe des Bühnenbodens, genügt als Verbindung eine Leiste. Damit ist die Bühnenöffnung begrenzt. Alle diese Teile verbindet man mit Flügelmutterschrauben oder mit Betthaken, damit Montage und Demontage schnell vor sich gehen.

Das Portal wird mit Stoff oder mit Pappe bekleidet. Man kann auch dünnes Sperrholz nehmen, dann wird es fester und ganz undurchsichtig. Den Blick von hinten in den Zuschauerraum ermöglichen kleine Fenster in den beiden vorderen Seitenrahmen. Diese Fenster muß man von außen passend verkleiden, zum Beispiel mit dünnem Stoff oder jalousieartigen Sperrholzstreifen. Wenn eine breitere Abdeckung an beiden Seiten des Portals nötig ist, genügen dazu einfache Vorhänge auf Ständern.

Die Brücke für die Spieler muß so stabil sein, wie die Zahl der Spieler es erfordert. Ebenso ist eine entsprechende Breite erforderlich, damit die Spieler die Stellung wechseln können, mindestens 75 cm also. Auf der Brücke vorne ist (siehe Bild 95) ein Geländer angebracht, auf das sich die Spieler stützen

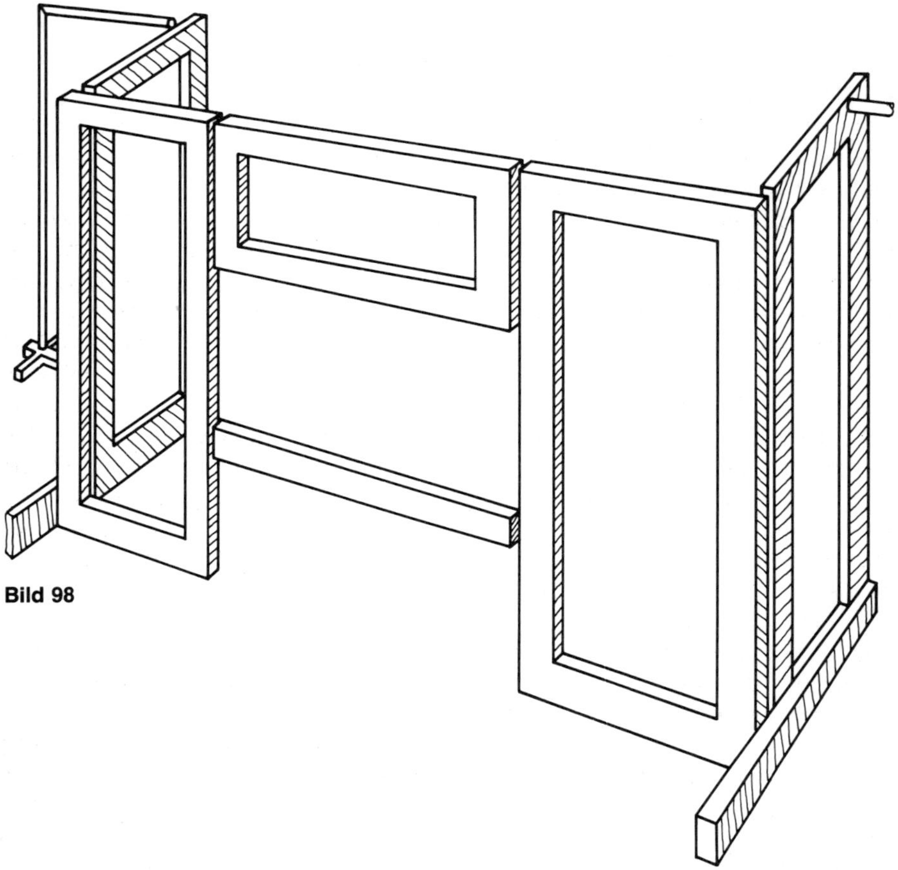

Bild 98

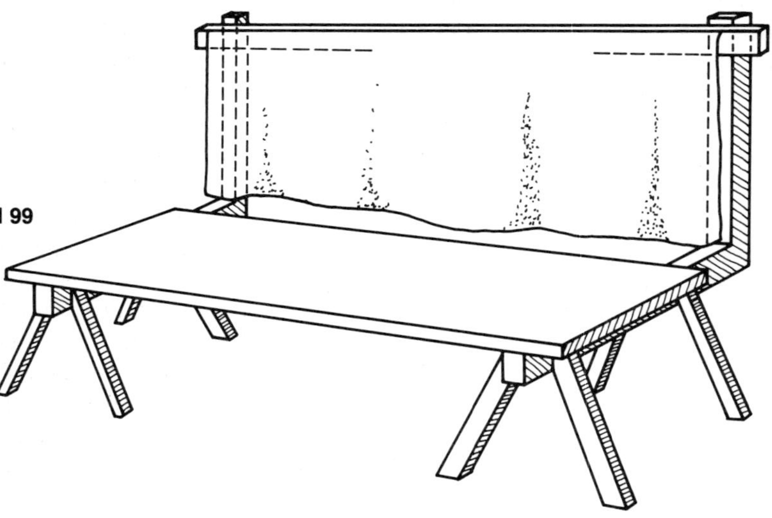

Bild 99

können, etwa in der Höhe ihrer Ellbogen. Eine höhere Brücke muß aus Sicherheitsgründen auch hinten ein Geländer haben, welches im übrigen eine günstige Möglichkeit bietet, die Puppen spielbereit aufzuhängen.
Als Spielbrücke kann man eine Konstruktion von Metallröhren nehmen oder sie aus Kisten zusammenstellen, die sonst zum Lagern von Puppen oder Requisiten dienen. Um das Kippen der Brücke zu verhindern, muß ihre Standfläche nach Bedarf erweitert werden, am besten mit langen Leisten.
Die eigentliche Bühne ist eine Tischlerplatte, die mindestens 2 cm stark sein sollte (Bild 99) und auf zwei Böcken sitzt. Es ist ratsam, auf diesen Böcken hinten die Säulen für den Hintergrundvorhang zu installieren. Er kann zwar auch an der Brücke an dem Geländer angehängt werden, aber dann zittert er bei jedem Schritt auf der Brücke, und es geschieht nicht selten, daß die Spieler aus Versehen ihn sogar mit ihren Knien und Schuhspitzen bewegen.
Eine tiefe Bühne bringt keine Vorteile, da die Puppen nur so weit nach vorne gehen können, wie die Hände der Spieler reichen. Eine etwa 70–80 cm breite Holzplatte als Bühnenboden ist groß genug.

Vorhang

An den Säulen des Portals befestigt man von hinten eine abnehmbare Stange für den Vorhang.
Für eine kleine Bühne nimmt man am besten einen zweiteiligen Vorhang, der sich zu den Seiten hin öffnet, einen sogenannten griechischen Vorhang. Beide Teile des Vorhangs müssen sich in der Mitte überdecken. Die Schienen kann man kaufen oder aus dickem Draht selbst anfertigen. Am sichersten öffnet und schließt man einen Vorhang mit der Hand. Eine kurze Stange, an den mittleren Ringen befestigt, ermöglicht das Auf- und Zuziehen. Man kann den Vorhang auch mit einer Schnur betätigen, die an den beiden mittleren Ringen festgeknotet und an den Seiten durch Führungsösen gezogen wird (Bild 100).
Der sogenannte italienische Vorhang hat den Vorteil, praktisch geräuschlos zu sein. Auch er besteht aus zwei Teilen, die sich in der Mitte überdecken und die an der Stange befestigt sind. An jedem Teil befinden sich Führungsringe für die Schnur. Die Ringe laufen diagonal von den mittleren Zipfeln unten zu den seitlichen Zipfeln oben. Die Führungsschnur, am Zipfel befestigt, durchläuft die Ringe. Beim Öffnen bildet der Vorhang eine dekorative Draperie (Bild 101). Allerdings eignet sich dieser Vorhang nicht für eine niedrige und breite Bühnenöffnung. Ein Vorhangteil muß ein längliches Viereck sein, und der Vorhang muß ganz hoch am Portal aufgehängt werden. Auch in kleinen Maßen ist der Vorhang effektvoll, aber er muß aus einem weichen

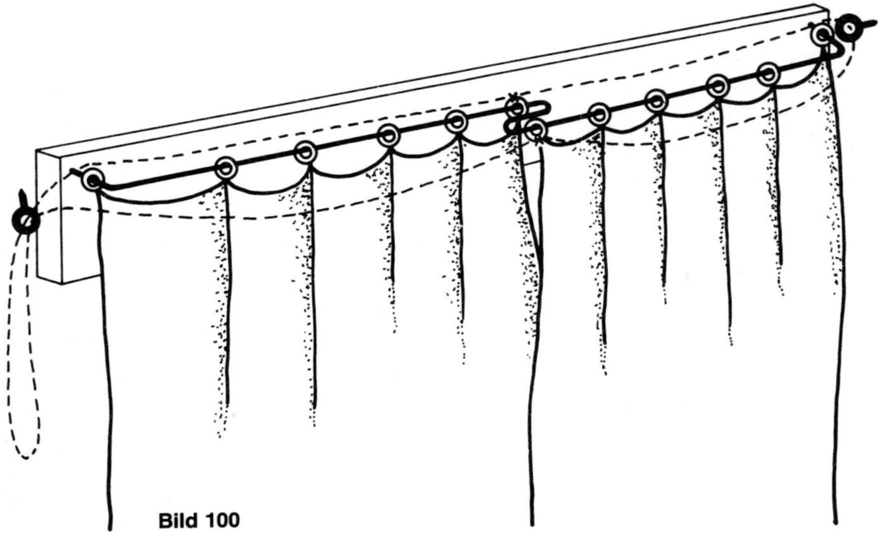

Bild 100

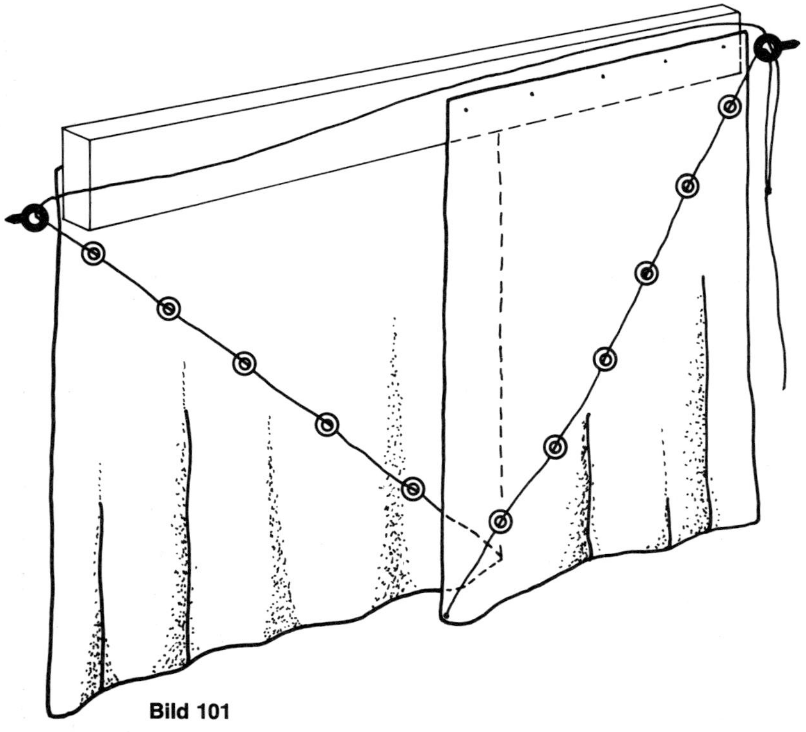

Bild 101

Stoff angefertigt werden, damit er gut funktioniert. Seinen Saum beschwert man mit Bleischnur, und für die Führungsschnur nimmt man Perlonfaden, der am wenigsten bremst.
Es gibt noch andere Vorhangarten, die sich unter Umständen verwenden lassen. Zum Beispiel ein Vorhang, der sich nach oben öffnet. Entweder wird er nach oben gezogen oder auf eine Walze aufgerollt. Über die geeignete Art des Vorhangs entscheiden natürlich nicht nur die technischen Voraussetzungen der Bühne, sondern auch ihr Stil.

Kulissen

Die Schaukastenbühne entstammt dem Barocktheater, und von ihm hat sie auch das Kulissensystem geerbt (Bild 102).
An beiden Seiten der Bühne werden zwei oder drei flache Kulissen aufgereiht, und eine große Kulisse bildet den Hintergrund. Die ersten beiden Kulissen dicht hinter dem Portal können eventuell mit einer Soffitte verbunden sein, die den Bühnenausschnitt nach oben dekorativ abschließt. Die seitlichen Kulissen hindern den Zuschauer, „hinter die Kulissen" zu schauen. Dazu müssen sie eine entsprechende Breite haben. Sie dürfen nicht zu dicht aufeinander stehen, da die Zwischenräume als Ein- und Ausgänge (sogenannte Gassen) für die Puppen dienen. Die Kulissen sollten ganz flach sein und ohne Spitzen oder Haken, denn diese schnappen oft boshafterweise nach den Führungsfäden der Puppen.

Bild 102

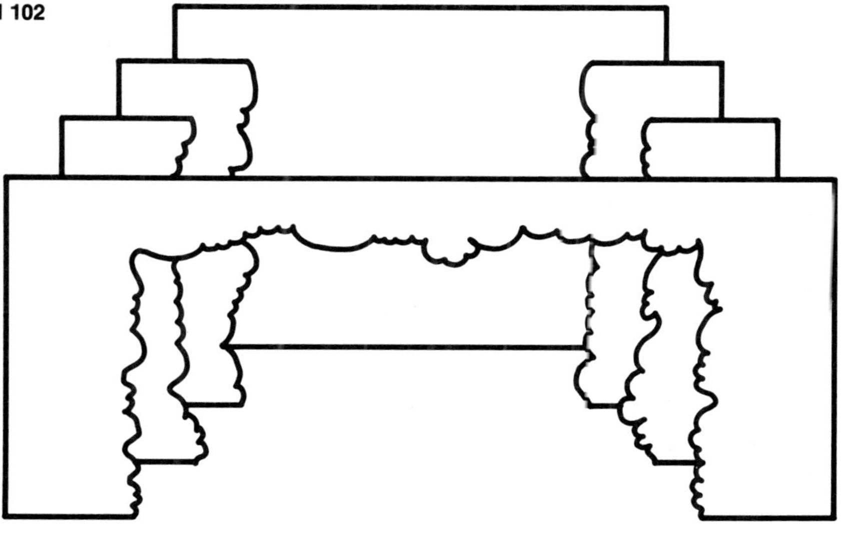

Bild 103

Kulissen, die für eine größere Bühne bestimmt sind, arbeitet man am besten aus Sperrholz. Kulissen für die kleineren Bühnen, etwa bis 50 cm hoch, kann man aus Karton (Pappkarton oder Fotokarton) anfertigen. Versteift mit Stäben (siehe auch S. 95/96), die zu ihrer Befestigung dienen, werden sie stabil genug.

Die Kulissen kann man anmalen oder aus farbigem Papier ausschneiden und kleben, oder man kann Papier mit beliebigen Stoffen kombinieren (Bild 103). Perspektivische Kulissen wirken an einer Puppenbühne meist nicht überzeugend, da sich die Figuren in ihrer unmittelbarer Nähe bewegen. Dekorationselemente, die in frontaler Ansicht dargestellt sind, eignen sich besser und sind auch praktischer: sie lassen sich beliebig von einer Seite zur anderen umstellen.

Neben Seitenkulissen werden oft auch noch andere zusätzliche Kulissen gebraucht, sogenannte Versatzstücke. Für einen Spieler, der oft und verschiedene Stücke spielen will, lohnt es sich, einen „Kullissen-Baukasten" anzuschaffen als Vorrat an Dekorationselementen, die am häufigsten gebraucht werden: Bäume, Sträucher, Zäune, Hütten u. ä. Eine Kombination der verschiedenen Elemente ermöglicht immer neuen Szenerien.

Auch ein Hintergrundprospekt kann – nach der barocken Vorlage – gearbeitet werden, wenn z. B. eine Interieurszene die hintere Wand eines Zimmers dar-

Bild 104

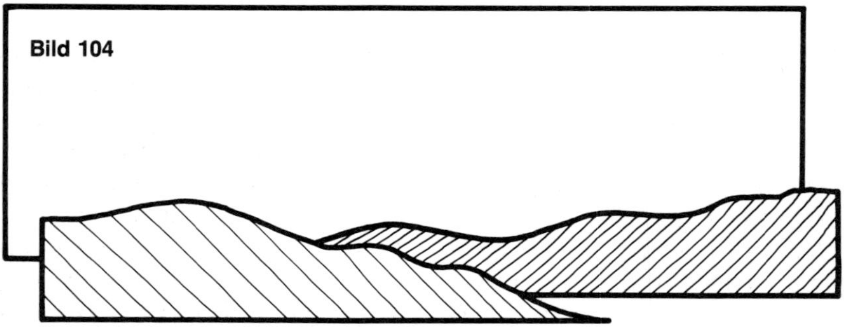

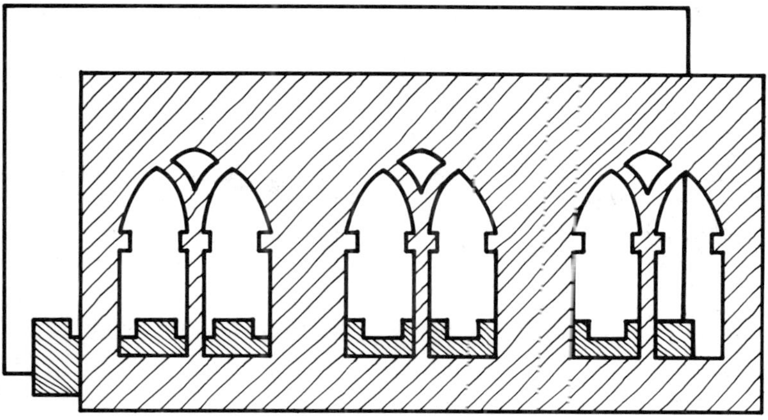

Bild 105

stellen soll. Für ein Exterieur nimmt man besser einen glatt hängenden Vorhang als Hintergrund. Er stellt dann gewissermaßen den Himmel dar, vor den man dann niedrige Kulissen als Landschaft stellt (Bild 104).

Aber auch für den Hintergrund eines Interieurs sollte man lieber keine glatte Flachkulisse nehmen, die sich spiegelt, oder die Puppen im Schattenbild aufnimmt, sondern Stoff, der bessere Hintergrundeigenschaften hat. In manchen Fällen ersetzt die hintere Wand eine durchbrochene Kulisse, die in kleinem Abstand vor dem Hintergrundvorhang steht. Beispiel im Bild 105 für die Hintergrundkulisse eines Rittersaals.

Befestigung der Kulissen

Als „Ständer" für Kulissen auf einer kleinen Bühne eignen sich am besten Rundstäbe von 6–8 cm Durchmesser. Die Stäbe sind etwa 2 cm länger als die Kulissen und werden von hinten befestigt (mit einem Papierstreifen angeklebt). Das überstehende Ende des Stabes setzt man in ein entsprechend großes Loch im Boden der Bühne ein. Bei einem runden Stab kann man die Kulisse also auch nach Bedarf drehen (Bild 106).

Dies läßt sich natürlich nur dann machen, wenn man für die Bühne eigens einen Tisch opfert oder eine geeignete Holzplatte als Bühnenboden besorgt. Dürfen in einen Bühnenboden keine Löcher gebohrt werden, so nimmt man zwei Holzleisten von 2 × 4 cm in der Länge der Entfernung vom Portal zum Hintergrund und bohrt Löcher für die Kulissen hinein. Am besten mehrere, damit die Kulissen beliebig versetzt werden können. Die Leisten als Kulissenhalter haben einen Vorteil: sie sind beweglich.

Für eine solche Befestigung müssen die Kulissen entsprechend bearbeitet werden: die Stäbe sind nur so lang wie die Kulisse selbst, und im unteren Teil der Kulisse befindet sich ein Ausschnitt für die Leiste (Bild 107).

Kleine Kulissen, die Versatzstücke, kann man in ähnlicher Weise auch mit Holzdübeln befestigen, oder man baut

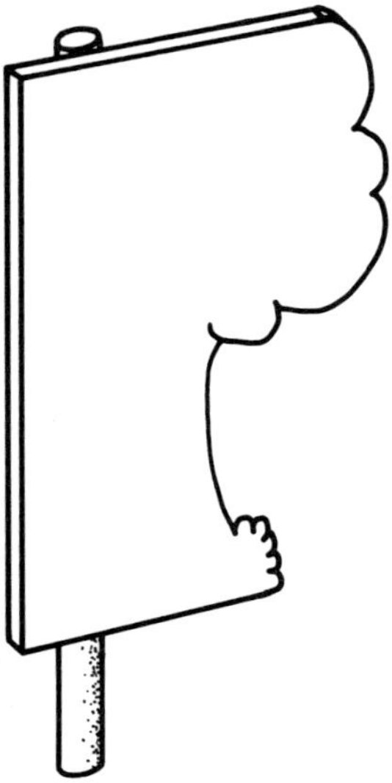

Bild 106

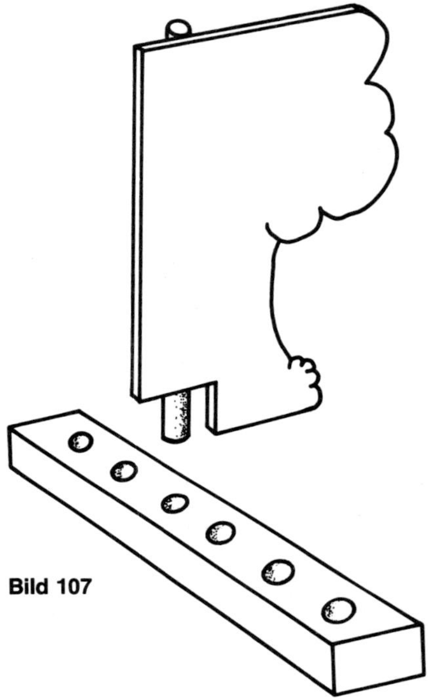

Bild 107

sie selbststehend: sie werden auf einer Standplatte aus Holz befestigt und von hinten beschwert (Bild 108). Die großen, vor dem Hintergrund stehenden Kulissen, sind oft zu schwer, um auf die beschriebene Weise befestigt zu werden. Sie brauchen zusätzlich einen Riegel auf der Säule, der die Kulisse am oberen Rand hält (Bild 109).

Sperrholzkulissen auf größeren Bühnen müssen schon auf stabilere Weise befestigt werden. Zum Beispiel mit Säulen, die mit schweren oder beschwerten Standplatten ausgerüstet sind. Man kann die Säule auch mit einer Schraubzwinge am Bühnenboden befestigen, oder man läßt sie mit einer Schraube enden. Sie wird durch den Bühnenboden gesteckt und mit einer Flügelmutter befestigt. Die Kulisse wird unten durch eine Lagerung aus Blech gehalten und oben durch eine Schiebevorrichtung, die mit einem Haken ausgerüstet ist (Bild 110).

Bild 108

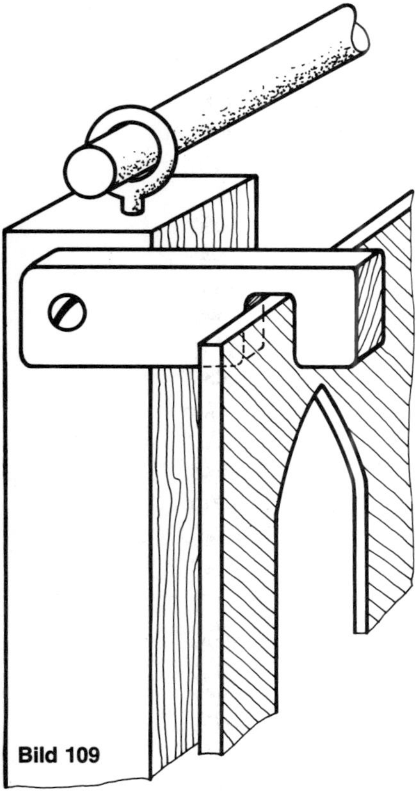

Bild 109

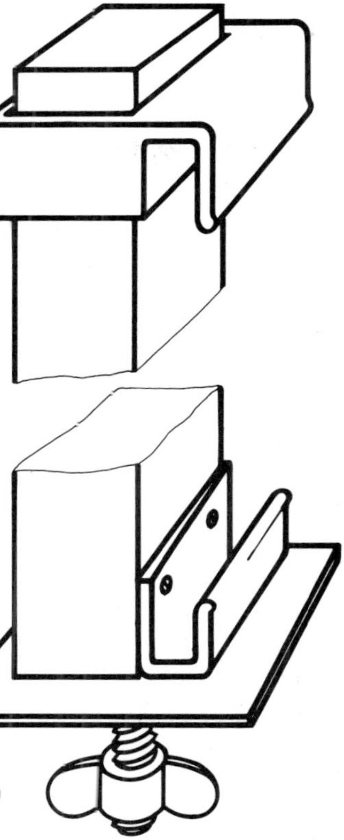

Bild 110

Verschiebbare Kulissen und laufendes Band

Mancherlei szenische Tricks, die auf einer normalen Bühne sehr komplizierte Maschinerien benötigen würden, lassen sich auf einer Marionettenbühne ohne großen Aufwand und technische Vorrichtungen durchführen. Z. B. ein Tor oder ein Felsen, die sich öffnen, ein schwimmendes Schiff oder eine vorbeiziehende Landschaft. Ein Felsen, der sich vor den Augen der Zuschauer öffnet, ist eine zweiteilige Kulisse. Für jeden Teil ist an den Haltesäulen eine Führungsrille.

Ein Schiff oder schwimmende Schwäne werden auf einer glatten Platte befestigt und von der Seite mit einem Führungsdraht gelenkt. Die Köpfe der Schwäne können auch noch von oben mit Fäden bewegt werden.

Für eine bewegliche Dekoration auf dem laufenden Band braucht man nur einen Streifen Leinwand, dessen Enden zusammengenäht sind, so daß ein Ring gebildet wird. Der Streifen wird auf die Bühne aufgezogen. Ein Spieler zieht den Streifen zu einer Seite, und auf der Gegenseite stellt sein Helfer die Kulissen auf das Band. Damit die Kulissen

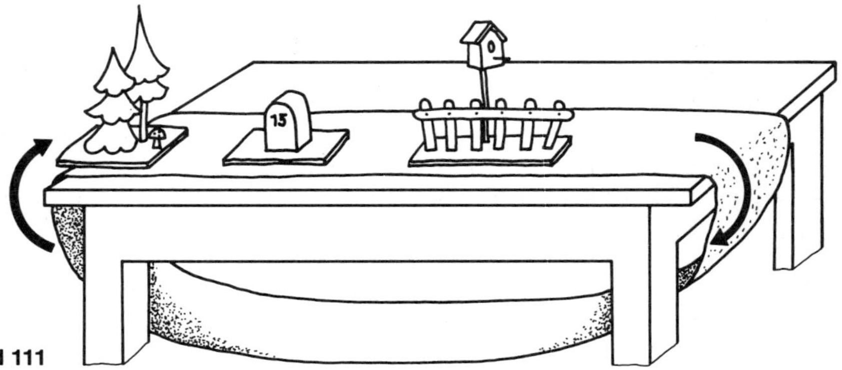

Bild 111

nicht kippen, müssen sie auf größeren, beschwerten Standplatten befestigt werden (Bild 111). Unter Umständen werden die Seitenkulissen diesen Effekt durch ihre Unbeweglichkeit stören. Statt mit Kulissen, ist es dann besser, die Seiten mit Schals in Farben des Hintergrundes oder des Vorhanges abzudecken.

Möbel

Möbel im Interieur oder andere Ergänzungen in der Dekoration, wie Baumstümpfe, Felsblöcke und Treppen, mit denen die Puppen in direkten Kontakt kommen, müssen stabil sein. Die Puppen werfen alles um oder verschieben das, was nicht richtig fest sitzt.

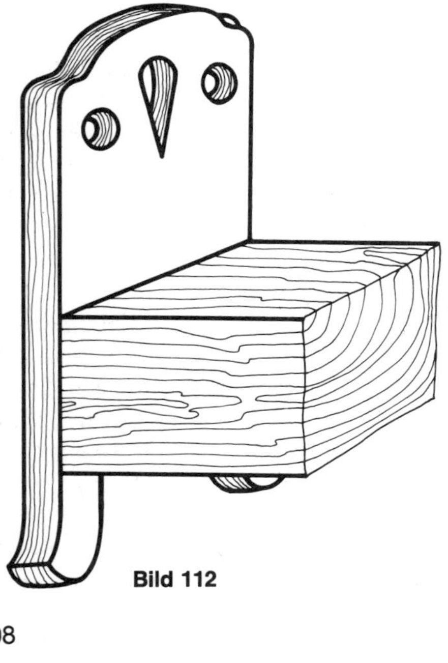

Bild 112

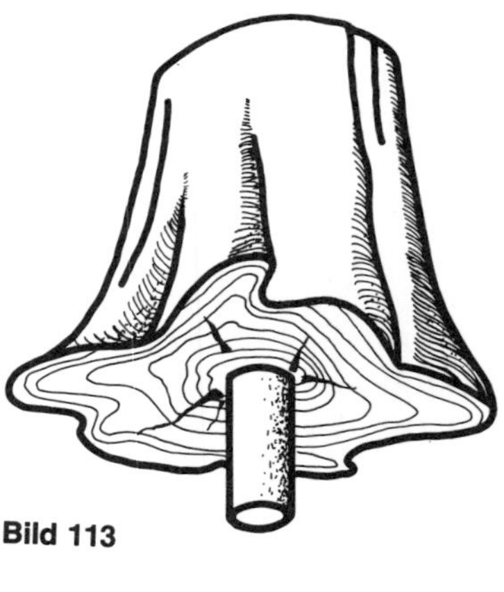

Bild 113

Möbelstücke fertigt man aus Holz an, und lieber aus einem Block anstatt nach Schreinerart, damit sie schwer sind (Bild 112). Zu leichte Stücke lassen sich natürlich beschweren oder am Bühnenboden mit Klebeband, Reißnägeln oder Stiften (Bild 113) befestigen. Diese Dekorationsteile müssen plastisch sein. Aber die dritte Dimension, das heißt die Tiefe des Gegenstandes, die dem Blick des Zuschauers am wenigsten deutlich wird, kann man aus Platzgründen kürzen: die Einfassung eines Brunnens kann oval sein, ein Tisch ganz schmal und ein Bett nur so breit, daß eine Puppe nicht herausfällt. Die Nachbarschaft der dreidimensionalen Dekorationen mit den flachen Kulissen kann aber auch störend wirken: ein gemalter Baum, der dicht neben einem plastischen steht, verliert an Glaubwürdigkeit.

Requisiten

Die Requisiten, das heißt die Gegenstände, welche die Dekoration ergänzen oder mit denen die Puppen hantieren, werden, je nach Größe, Form und Art, aus den verschiedensten Materialien gefertigt. Requisiten, die zur Bühnendekoration gehören, müssen ebenso sicher stehen wie die Dekorationsstücke. Ein Kerzenleuchter, ein Blumentopf oder eine Flasche kippen leicht, wenn sie nicht schwer genug oder gut befestigt sind. Ein Nagel oder Stift an der Basis des Requisits und ein entsprechendes Loch an der Stelle, wo es stehen soll, können helfen.
Wo diese Art von Befestigung nicht anwendbar ist, besteht die Möglichkeit, ein Requisit mit Hilfe eines Magneten zu befestigen. In dem Requisit ist unten ein Magnet angebracht und da, wo er stehen soll, ein Stückchen Eisen. Auf ähnliche Weise benützt man auch das Klettenband.
Requisiten, welche die Puppen tragen oder vor den Augen der Zuschauer in die Hand nehmen sollen, müssen eher leicht sein. Sie würden sonst das Spiel der Hände ungünstig beeinflussen oder sogar die ganze Puppe aus dem Gleichgewicht bringen.
Kleine Requisiten können mit einem weichen Blumendraht an die Hand der Puppe gebunden werden. Stöcke, Besen, Schwerter und ähnliche Dinge kann man meistens in die Öffnung stekken, die Daumen und Zeigefinger der Puppe bilden. Zur Sicherheit bindet man sie noch mit einem Gummiring fest. Requisiten müssen immer natürlich und verständlich aussehen. Das

Publikum soll nicht herumrätseln müssen. Bei ihrer Anfertigung sollte man gleichzeitig an das Spiel mit den Gegenständen denken und sie dementsprechend formen.

Es ist dabei auch alles zu vermeiden, was sich vielleicht am Kleid oder an den Führungsfäden verhaken könnte. Ebenso dürfen die Puppen, die ein Requisit tragen, nicht beim Durchgang zwischen den Kulissen behindert werden. Gerade solche „Selbstverständlichkeiten" übersieht man oft.

Nicht immer kann eine Puppe das Requisit selbst halten: lange Stöcke, Hellebarden und dergleichen müssen oft einen eigenen Führungsfaden haben. Gegenstände, welche die Puppe in die Hand nehmen oder ablegen soll, können wieder mit einem Magneten versehen werden. Solche mit Henkel, Körbe zum Beispiel, werden von der Puppenhand richtig ergriffen, wenn der Henkel groß genug ist. Der Führungsfaden dafür darf aber nicht in der Handfläche, sondern muß in der Handwurzel liegen. Und auch der Oberarm muß voll ausgebaut sein und darf nicht aus einem Band bestehen, sonst hebt sich der Ellbogen durch die Belastung nach oben, und der Korb rutscht herunter.

Bild 114

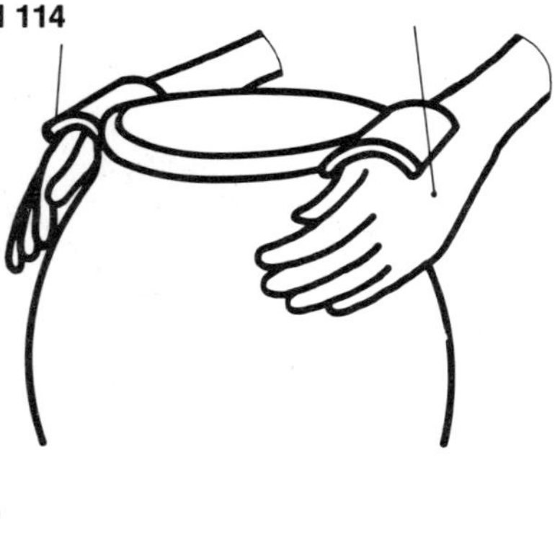

Eine Marionette kann einen größeren Gegenstand mit beiden Händen fassen, wenn er einen breiten oberen Rand hat, oder wenn er mit hakenförmigen Griffen versehen ist, in die die Puppe die Arme einhaken kann (Bild 114).

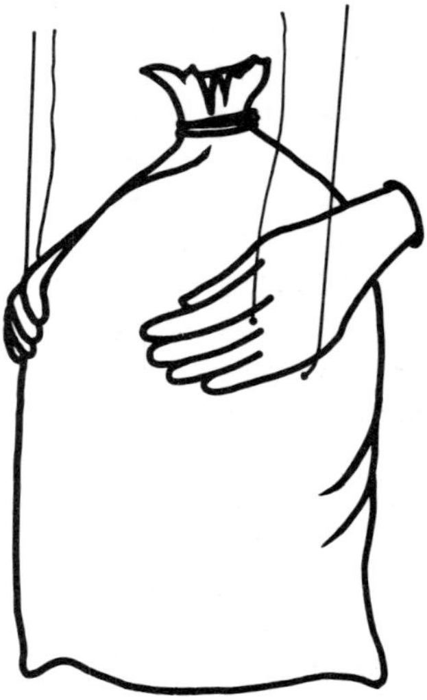

Bild 115

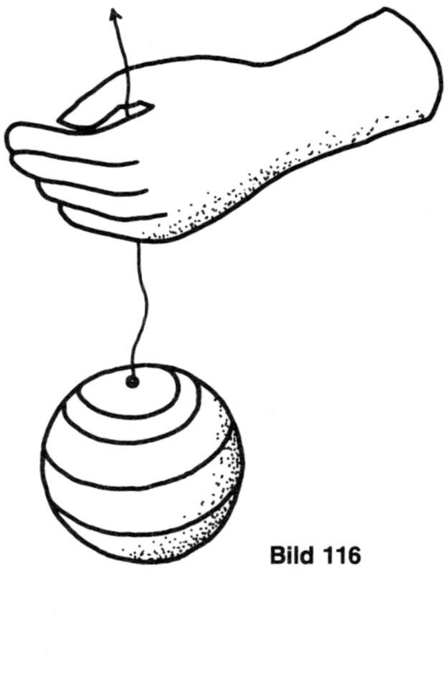

Bild 116

Am leichtesten ist es, wenn ein Requisit mit eigenen Fäden ausgerüstet sein kann. Die Marionette legt ihre Hände auf den Gegenstand, der Spieler zieht, und die Hände werden von dem Requisit getragen (Bild 115).

Ganz sicher greift eine Puppe ein Requisit, dessen Faden durch eine Öse in der Hand der Puppe geht (Bild 116).

Wie eine Puppe Requisiten greifen, halten und ablegen soll, hängt von der Größe und Form der Gegenstände und auch von den Handlungen der Puppe ab. Die gezeigten Lösungen geben längst nicht alle Möglichkeiten wieder, sie können nur als „erste Hilfe" gelten.

Man kann von einer Marionette natürlich verlangen, daß sie ein Schwert aus der Scheide zieht und es wieder einsteckt, oder daß sie mit Bällen jongliert. Man sollte aber bedenken: je komplizierter ein Trick, desto unsicherer ist seine Ausführung. Und eine Marionette, die an vielen Fäden nur hilflos mit ihren Gliedern zuckt, kann kaum Bewunderung erwecken.

Bühnenbeleuchtung

Passende kleine Scheinwerfer für eine kleine Familienbühne gibt es leider nicht. Aber trotzdem muß man nicht auf Beleuchtungseffekte verzichten. Man kann sich mit Tischlampen behelfen oder mit sogenannten Leselampen, die mit Klammern befestigt werden. Farbige Birnen und Helligkeitsregler sorgen dann für die jeweilige Stimmung.

Für einen Blitzeffekt, der in Märchen oft eine Rolle spielt, ist eine stärkere Lampe nötig, die mit einer „Klingeltaste" eingeschaltet wird. Kurzes Drücken auf die Taste bewirkt den Effekt des Aufblitzens.

Die Beleuchtung kann man noch mit „Rampen" deutlich verbessern. Die Rampen sind kleine Tröge aus Blech oder Sperrholz innen mit Alufolie ausgeklebt. In diese Tröge ist eine Reihe von Birnen eingesetzt (Bild 117). Eine Bühne 80–100 cm breit braucht zwei Tröge mit insgesamt 9 Birnen von 25 W. Je drei Birnen sind gekoppelt. So entstehen drei Beleuchtungsgruppen, von denen jede einzeln ein- und ausgeschaltet werden kann. Dazu kommt noch eine stärkere Birne für den Blitz-

Bild 117

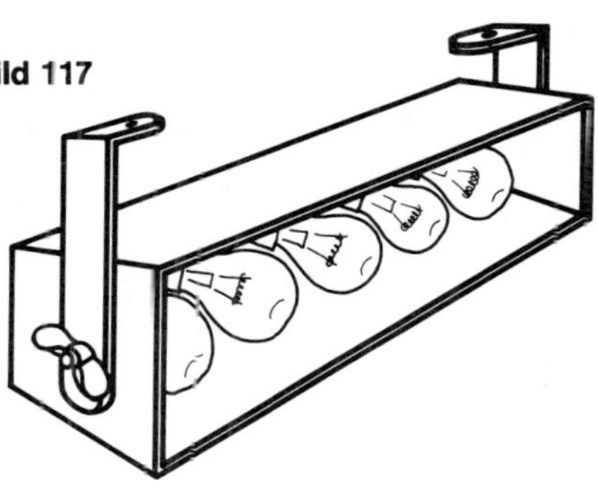

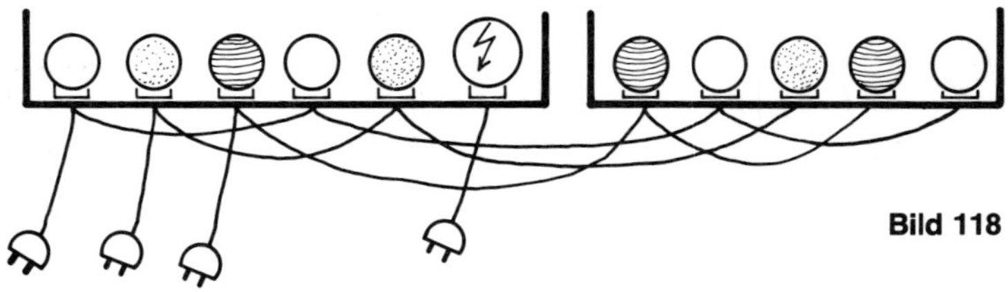

Bild 118

effekt. Bei Verwendung farbiger Birnen, die man beliebig auswechseln kann, hat man genügend Möglichkeiten zum Kombinieren (Bild 118).

Die Tröge werden von hinten am oberen Brett des Portals angebracht. Da sie in den Haltern mit Flügelschrauben befestigt werden, kann man die Richtung des Lichtstrahles nach Belieben ändern. Mit einigen weiteren Leselampen kann man die Beleuchtung einer Familienbühne fast perfekt gestalten.

Dann lohnt es sich schon, eine kleine Schaltzentrale anzufertigen, die die Steuerung der Lampen ermöglicht. Dazu genügt eine Holzplatte, worauf Steckdosen, Helligkeitsregler, Klingeltaste, Sicherung und Hauptschalter montiert sind. Um allen Sicherheitsvorschriften zu entsprechen, ist hierfür die Mitarbeit eines Fachmannes vonnöten (Bild 119).

Für die Bühne von etwa 40 cm großen Puppen gibt es passende kleine Scheinwerfer zu kaufen. Aber auch da wird man kaum ohne Rampenlicht auskommen. Es ist ein weiches, ziemlich regelmäßiges Licht, das gut für die Beleuchtung der flachen Kulissen geeignet ist. Auch die unvermeidlichen

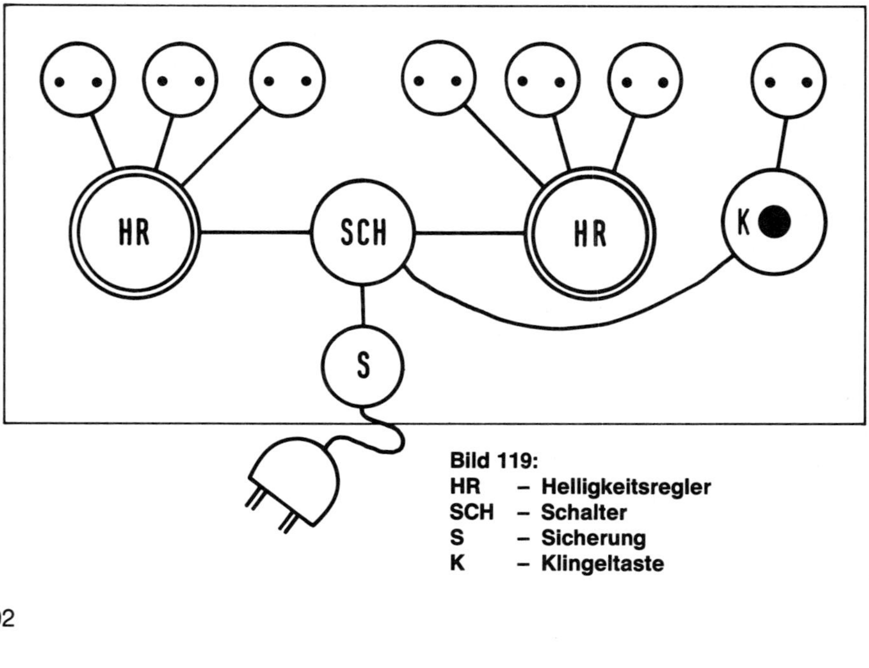

Bild 119:
HR – Helligkeitsregler
SCH – Schalter
S – Sicherung
K – Klingeltaste

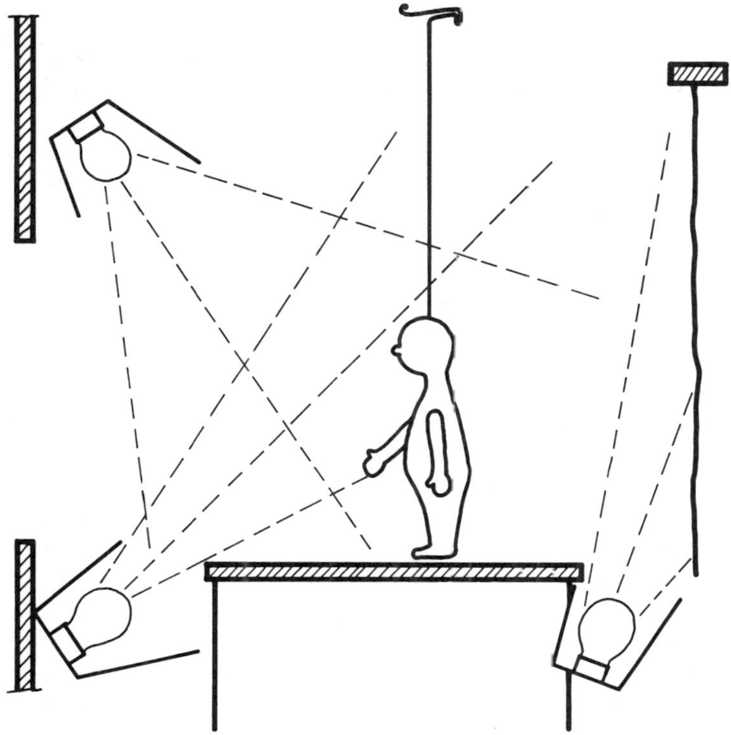

Bild 120

Schatten, die die Puppen werfen, sind nicht so scharf wie im Licht der Scheinwerfer. Die Scheinwerfer sind aber nötig, um die wichtigen Details zu betonen.

Für eine größere Bühne genügt aber eine obere Rampenbeleuchtung allein nicht. Sie muß durch Rampenlicht von unten vorne ergänzt werden. Damit die Schatten der Puppen an dem Hintergrundvorhang ausgelöscht und die Beleuchtung des „Himmels“ erzielt wird, sind zwei breitstreuende Strahler oder eine Lampenbatterie nötig (Bild 120).

Für die Beleuchtung einer großen Bühne muß auch die Schaltzentrale entsprechend reicher sein. Neben Rampen und Scheinwerfern werden auch andere Lampen zusätzlich benötigt. Man sollte gleich daran denken, Steckdosen und Schalter entsprechend vorzubereiten. Daß die ganze Beleuchtungsanlage nur ein Fachmann einrichten darf, versteht sich von selbst.

Tonanlage

Für eine Familienbühne ist eine komplizierte Tonanlage überflüssig, denn auch eine ungeübte Stimme umfaßt den Raum eines Zimmers. Und eine lebendige menschliche Stimme, selbst wenn sie im Vortrag nicht perfekt ist, wirkt immer besser als die unpersönliche, konservierte Stimme, die aus dem Tonband kommt. Auch die sogenannten Geräuscheffekte lassen sich überzeugend mit dem Munde oder mit Hilfe verschiedener Pfeifen, Klopfer oder Ratschen erzeugen.

Sind Mund und Hände aber nicht frei dafür, bleibt nur der Ausweg, Geräusche und Bühnenmusik auf ein Tonband aufzunehmen und beim Spiel zu reproduzieren.

Ganz anders ist es beim Spiel auf einer großen Bühne, hinter Vorhängen und Sperrholzwänden. Da ist eine Mikrofonanlage vonnöten. Beim Marionettentheater werden Spieler und Sprecher oft getrennt. In einem solchen Falle werden die Mikrofone an den Seiten der Bühne aufgestellt, damit die Sprecher das Spiel verfolgen können und Kontakt zu den Spielern haben. Ist der Spieler gleichzeitig Sprecher, müssen die Mikrofone über der Bühne aufgehängt werden. Und zwar in einer solchen Höhe und Entfernung von den Köpfen der Spieler, daß die Stimmen gleichmäßig klingen.

Bühnenmusik und Geräuscheffekte lassen sich mit einer Verstärkeranlage natürlich auch direkt übertragen. Aber früher oder später wird es sich doch als notwendig erweisen, über ein zuverlässiges Tonbandgerät zu verfügen. Zu dem Verstärker und zwei Lautsprecherboxen, die vor der Bühne installiert werden, wird dann noch ein Mischpult kommen müssen.

Damit ist die Bühne, was die Tonanlage betrifft, vollständig ausgerüstet. Ein Hi-fi-Amateur kann sie natürlich noch mit anderen Erfindungen ergänzen, mit Stereo- und Halleffekten zum Beispiel. Nur ist eine einfache aber zuverlässige Anlage mehr wert als eine komplizierte, die dann im gegebenen Augenblick vielleicht versagt.

Geräuschinstrumente

Es gibt Schallplatten und Cassetten, die alle möglichen Arten von Klängen und Geräuschen hervorbringen. Von Schritten im Sand bis zum Brausen eines Expreßzuges, vom Regenprasseln bis zum Glockenläuten. Nur passen diese naturalistischen Klangeffekte selten in die stilisierte Welt der Puppen, sie sind zu unpoetisch und fremd. Das schließt natürlich nicht aus, daß in bestimmten Fällen gerade der Kontrast zwischen Puppen und naturalistischem Klangeffekt sich als besonders wirksam erweist. Sonst aber eignen sich stilisierte Klänge und Geräusche besser.
Es gibt Geräusche, die in altbewährter Weise so hervorgebracht werden, wie es schon unsere Großväter taten. Der Donner, der durch Schütteln eines größeren Bleches erzeugt wird, oder Regenprasseln, bei dem Erbsen in einem Sieb bewegt werden. Oder ein Schuß, der nie versagt: das eine Ende einer Holzleiste wird mit dem Fuß am Boden festgehalten; das andere Ende wird aufgehoben und im rechten Augenblick losgelassen.
In der Theatertradition haben sich auch raffiniertere Erfindungen erhalten: Windmaschinen, Türenknarrengeräte und andere. Für so etwas aber braucht man Platz. Und Platz ist hinter einer Bühne immer rar. So beschränkt man sich besser auf Lockrufpfeifen, Pfeifen und verschiedene Spielzeuginstrumente.
Ein Mikrofon bietet den Geräuscherfindern ein unerschöpflich breites Feld: das rhythmische Schütteln einer Zündholzschachtel klingt in mehrfacher Verstärkung wie die Schritte von marschierenden Soldaten, Papier, das zerknittert wird, verwandelt sich in Sturm oder in das Krachen eines zerberstenden Felsens. Und man muß nicht gerade ein Meister-Imitator sein, um mit dem Mund stark wirkende Geräuscheffekte zu produzieren.

Dramaturgie, Regie und Spiel

„Der Dramaturg im Theater bewirkt, daß etwas gespielt wird, obwohl es gar nichts zu spielen gibt." So etwa lautet eine alte Definition über die ein wenig geheimnisvolle Tätigkeit des Dramaturgen. Ein Beweis, daß im Theater seit uralten Zeiten die Hauptsorge ist, ein attraktives Stück zu finden.

Im Puppentheater ist es nicht anders. Die Dramaturgie des Puppenspiels gilt einem Reichtum von szenischen Formen. Vom Varietéauftritt über den Sketch bis zu der aufwendigen Revue. Vom Soloauftritt bis hin zum großen Drama. Pantomime und Schauspiel, Oper, Ballett und Operette haben da ihren festen Platz.

Es gibt hier aber keinen Aristophanes, keinen Molière und keinen Shakespeare, und es wird sie wohl auch nie geben. Die Mannigfaltigkeit der Puppenarten und ihrer Techniken, die unterschiedlichsten künstlerischen Methoden, Ziele und Arbeitsbedingungen erlauben nicht, daß ein Stück im Repertoire von mehreren Puppenbühnen erscheint und weltberühmt wird.

Immer wieder zieht das Puppenspiel Maler, Bildhauer, Schauspieler und Konstrukteure, selten aber Schriftsteller und Dichter an. Einige berühmte Theaterdichter bilden die Ausnahme, so z. B. Maurice Maeterlinck, F. Garcia Lorca, G. B. Shaw, die den Puppen Theaterstücke gewidmet haben. Auch wenn diese Texte einen hohen literarischen Wert haben, sind es leider eher literarische Raritäten als wichtige Beiträge zur Dramaturgie des Puppenspiels.

Worte haben im Puppentheater nur begrenzt die Möglichkeit, sich geltend zu machen. Eine Puppe äußert sich in Bewegungen, nicht durch das Wort. Natürlich muß sie nicht stumm sein.

Ob sie sich nur mit Empfindungsworten und Ausrufen erklärt oder die Verse eines Dichters vorträgt – entscheidend ist das, was sie tut. Ihr körperliches Handeln zeugt von ihrer Lebendigkeit. Das ist eine Erkenntnis, die beim Entstehen jedes Puppenspiels als Ausgangspunkt dienen sollte. Und daran ist nichts zu ändern: jede Bühne wird noch lange Zeit eigene Stücke selbst entwicklen und schreiben oder mindestens für sich bearbeiten müssen. Und da jede Puppenart zu einer anderen Art der Handlung veranlagt ist, soll man sich zunächst die Frage stellen: Welche Puppen eignen sich am besten zu dem ausgewählten Stoff? Oder: Wie soll das Stück bearbeitet werden, damit es den besonderen Spielfähigkeiten der ausgewählten Puppen entspricht?

Es ist möglich, daß man auch solche Textvorlagen findet, die mit Handpuppen ebenso spielbar sind wie mit Marionetten, aber wahrscheinlicher ist es, daß sie sich mit den Spieleigenschaften der einzelnen Puppenarten überhaupt nicht auseinandersetzen.

Charakter und Situation

Jedes Szenengenre unterliegt gewissen künstlerischen und auch ganz praktischen Regeln und Gesetzen. Für ein Märchenspiel gelten z. B. andere Gesetzmäßigkeiten als für einen komischen Auftritt. Daneben gibt es aber auch Regeln, die für alle gemeinsam gelten.

Die Regel Nummer eins lautet: Das Spiel muß attraktiv, aufregend und unterhaltend sein. Was aber macht das Spiel attraktiv? Was verursacht seine emotionale Wirksamkeit?

In erster Linie sind es die Gestalten des Stückes, ihre individuellen Charakterzüge und Ihre Beziehung zur Umwelt. Wohl kann ein Spieler in einem artistischen Soloauftritt sein Publikum durch Virtuosität begeistern, wenn sein Akrobat oder Trompeter sich als eine bewundernswert konstruierte und ebensogut geführte Marionette erweist. Ungleich stärker aber wirkt dieselbe Szene, wenn der kleine hölzerne Akrobat dabei auch noch menschliche Gefühle zeigt: Lampenfieber vielleicht oder die Erleichterung nach einem schwierigen Sprung, Bescheidenheit, mit der er den Applaus aufnimmt. Erst dann wird er für den Zuschauer lebendig: Die Produktion eines Jongleurs ist Spiel mit der Marionette geworden.

Für jedes Theaterstück – sein Umfang spielt dabei keine Rolle – sind die Charaktere der handelnden Person grundsätzliches Bauelement. Eine gut gewählte Hauptperson ist der erste Gewinn des Stückes. Aber nicht nur sie, sondern auch ihre Freunde und Gegner müssen deutliche und interessante Charakterzüge tragen, so daß ihnen der Zuschauer mit Sympathien und Antipathien folgen und sich mit ihnen identifizieren kann. Figuren, die gleichgültig lassen, sind nur ein Ballast für das Stück.

Aber nicht jeder Charakter ist für ein Theaterstück geeignet. Damit sich eine dramatische Handlung entwickeln kann, müssen im Stück aktive Charaktere auftreten, solche, die ihr Ziel unter allen Umständen erreichen möchten. Es ist nicht entscheidend, wie hoch ihr Ziel ist. Der Kasper will vielleicht nur seiner Oma zum Geburtstag Blumen bringen, ein Märchenheld will dagegen eine verzauberte Prinzessin befreien. Wichtig ist, ob sie bereit sind, alle im Wege stehenden Hindernisse zu überwinden, um ihr Ziel zu erreichen.

Die Hauptperson eines Stückes muß nicht notwendig die aktivste sein. Auch die Gegenspieler können die Handlung vorantreiben. Manchmal steht sogar die Hauptperson im Mittelpunkt des Geschehens, ohne es beeinflussen zu können, wie zum Beispiel Schneewittchen: die wahren Gegenspieler in der Geschichte sind auf einer Seite die böse Königin und auf der anderen die Zwerge mit dem Prinzen.

Wenn die dramatischen Charaktere in eine Situation gestellt werden, entsteht die Voraussetzung für eine dramatische Handlung, wie z. B.: eine stolze Königin erfährt von ihrer Konkurrentin, zwei kleine Kinder sind verlassen im Walde, Oma hat Geburtstag ...

Konflikt

Der Keim der Spielhandlung ist der Konflikt. Er entsteht in dem Augenblick, in dem sich die Interessen zweier Personen kreuzen. Vom Charakter der Gestalten hängt es ab, wie weit sich der Konflikt entwickelt. Ob ein Kompromiß gesucht wird oder der Kampf unvermeidlich ist und bis zum Ende geführt werden muß.

Ein Schläfer, der aufstehen soll, ist auch ein Charakter in einer Situation. Steht er gleich auf, wenn der Wecker klingelt, so entsteht kein Konflikt, und es gibt nichts mehr zu spielen. Wenn er aber den Wecker nach mehreren Versuchen, ihn zum Schweigen zu bringen, ins Aquarium wirft, so hat sich schon eine kurze Spielszene entwikkelt. Vielleicht ist das eine humorvolle Studie zu der alltäglichen Qual, der ein Mensch unterworfen ist.

Hört der Wecker nicht einmal im Aquarium auf, klirrt er unerbittlich weiter, so daß er den Schläfer doch aus dem Bett jagt, um sich dann selbst in dessen Bett zum Schlafen zu legen, wird sogar eine szenische Anekdote daraus.

Löst ein Konflikt einen anderen aus, in dem beide „Gegner" neue Mittel einsetzen oder neue Personen in den Streit einbezogen werden, entwickelt sich ein Spielstück.

Spannung

Die Spannung ist ein unentbehrliches Element. Ohne Spannung ist keine Komödie lustig, und eine Tragödie kann ohne sie nicht die Herzen rühren.

Wann entsteht Spannung, und womit kann man sie erzeugen? Spannung entsteht dort, wo der Zuschauer mehr weiß als die handelnden Personen. Aus Unwissenheit werden sie gerade das tun, was ihnen zum Schaden gereicht. Aber der Zuschauer ahnt, was ihnen passieren wird und erwartet gespannt das Geschehen. Der Zuschauer weiß von der Hexe, die im Lebkuchenhaus wohnt, und fürchtet um die ahnungslosen Kinder. Der Zuschauer sieht den Kasper in seinem Versteck und freut sich schon darauf, wie dieser den Zauberer überlisten wird.

Es darf aber nicht jede Erwartung sogleich erfüllt werden. Das würde die Spannung vermindern.

Überraschungen und Änderungen sind notwendig. Unerwartete Vorkommnisse werden die Aufmerksamkeit des Zuschauers fesseln und neue Erwartungen und noch größere Spannung erwecken: Der Kasper wird plötzlich in seinem Versteck entdeckt. Hänsel und Gretel erfinden im kritischen Moment eine neue List.

Aufbau des Stückes

Damit die Geschichte eines Stückes und seine Handlung sich nicht als unförmige Aufreihung einzelner Episoden und Situationen darstellt, muß sie stabil aufgebaut werden. Es geht um einen dreiteiligen Aufbau: der erste Teil leitet in das Spiel ein. In dem zweiten Teil entwickelt sich die Handlung. Der dritte Teil bringt die Lösung und schließt die Geschichte.

Der erste Teil wird üblich ruhig gehalten. Die Handlung ist noch nicht aufregend. Das Publikum hat Zeit, die wichtigsten Personen wie auch die ganze Situation kennenzulernen. Es ist noch nicht gespannt, wohl aber wird es neugierig. Auch bei dem Soloauftritt einer Puppe spart man zunächst mit den effektvollen Tricks und stellt sie nur vor. Erst im zweiten Teil steigert man sich. Der Akrobat beginnt mit seinen halsbrecherischen Saltos und zeigt allmählich alles, was er kann. Im Theaterstück beginnt der zweite Teil mit dem Zusammenstoß der Gegner. In der Folge nimmt alles an Heftigkeit zu. Ebenso an Tempo. Auch die Spannung steigert sich.

In einer Soloszene endet der zweite Teil mit dem Höhepunkt, mit der effektvollsten Leistung des Akrobaten. In dem Stück endet er mit dem heftigsten Zusammenprall der Gegner, in dem schon die Entscheidung angedeutet ist. Ein geschickter Autor jedoch läßt in diesem Augenblick den „negativen" der beiden Gegner scheinbar siegen: Schneewittchen ist tot, die Königin ist die Schönste. Turandot errät, wer Kalaf ist.

Es folgt dann der dritte Teil, der mit einer kurzen Beruhigung in der Entwicklung der Handlung beginnt. Die Stille vor dem Sturm steigert noch die Spannung. Dann steuert man dem Abschluß zu: Der Akrobat endet mit einem überraschenden Salto oder einem witzigen Einfall, und im Stück eilt man der endgültigen Lösung entgegen. Wandelt sich die Handlung nicht noch einmal in unerwarteter Weise, was Anlaß zu erneuter Spannung gäbe, darf der Autor das Publikum nun nicht mehr lange warten lassen. Zum letzten Male begegnen sich die Feinde, jeder hat noch eine Chance, aber dann, im letzten Zusammenstoß, entscheidet sich ihr Streit.

Lösung

Wie das Stück endet, ob mit Versöhnung oder mit Rückzug oder mit Vernichtung eines der beiden Gegner, das hängt vom Charakter der agierenden Figuren ab, ebenso von der Tiefe des Konfliktes. Die gefährliche Hexe geht ihrer Vernichtung entgegen. Die Räuber bekommen es mit der Angst zu tun und fliehen vor den Bremer Stadtmusikanten. Turandot reicht Kalaf ihre Hand, obwohl sie ihn besiegt hat, weil sie ihn liebt.

Jede Lösung, soll sie überzeugend und zufriedenstellend sein, muß in den Charakter der spielenden Figuren eingebettet sein. Jegliche Entscheidung muß von ihnen selbst herbeigeführt werden. Der „Deus ex machina", der klassische Helfer in Gestalt eines Zufalls oder des „großen Unbekannten", stellt eine wenig elegante Lösung dar und läßt den Eindruck gewinnen, der Autor hätte nicht mehr gewußt. Nur in der epischen Erzählung vom Rotkäppchen darf der Jäger erst am Ende und zufällig auftauchen. Im Theater sollte er von Anfang an da sein, um seine wichtige Rolle die ganze Zeit über zu spielen.

Nie sollte es ein in die Länge gezogenes Ende geben. Ist über den Sieg entschieden, die Tür vom Backofen geschlossen, der Wolf in den Brunnen gefallen, so ist jedes weitere Wort überflüssig. Vor allem das Kinderpublikum lehnt es ab, als Nachspiel die weisen Worte des Autors über sich ergehen zu lassen. Und es hat recht damit.

Sprache im Puppenspiel

Marionetten mit ihrer Fähigkeit zu außerordentlich fein nuancierter Gestikulation sind gut geeignet, in Sprechstükken aufzutreten. Doch soll die Sprache im Puppenspiel – wie übrigens in allen anderen Theaterarten auch – vor allem folgende Forderungen erfüllen: sie soll konkret und sachlich sein und dennoch stark emotional. Sprache begleitet die Handlung, aber sie ist auch ein Mittel, mit dem die Handlung verwirklicht wird. Dazu muß sie eine sogenannte „gestische Ladung" enthalten.

Mit anderen Worten: die Gestalten des Stückes sollen nicht sprechen, um etwas mitzuteilen, zu erzählen oder zu erklären. Sie sprechen, um zu überzeugen, um zu verhindern oder um zu bewegen. Dramatische Sprache ist Sprache der Fragen und Antworten, der Bitten und Ablehnungen, der Drohungen, der Befehle und der Ausrufe.

Der Text besteht aus Dialog und Monolog. Ein Gespräch, das nicht der Entwicklung des Geschehens dient, gehört nicht auf die Bühne. Ein Theaterdialog ist eine Art der Handlung. Und der Monolog ist ein Dialog mit sich selber. Faust, der zwischen Himmel und Hölle entscheidet, führt einen Streit mit sich selbst.

Zuletzt eine Bemerkung, die aus der Praxis kommt: Zuviel Text ist für das Puppenspiel ganz und gar ungeeignet. Kurz geführte Dialoge, die nur aus knappen Sätzen und einzelnen Worten bestehen, sind geeigneter als lange und ausführliche Betrachtungen.

Dauer des Spieles

Die richtige Abschätzung, wie lange eine Szene oder ein Stück dauern darf, entscheidet in nicht geringem Maße über den Erfolg oder den Mißerfolg einer Vorführung. Oft werden auch gelungene Soloauftritte mit nur höflichem Applaus bedacht, weil sie eine angemessene Länge überschritten haben. Und ein Stück, in dem die Nähe des Endes immer noch nicht zu erwarten ist, wird von ungeduldigem Stühleknarren begleitet.

Wo liegt nun das richtige Maß? Kurz gesagt: es muß in der richtigen Relation zum Inhalt des Stückes liegen. Auch ein meisterhaftes Spiel mit der Puppe wird langweilig, wenn schon alle Varianten erschöpft sind und das Spiel in Wiederholungen endet. Auch ein geistvoller Dialog verliert an Attraktivität, wenn er nicht zur Wende in der Handlung beiträgt. Weder Witz noch literarische Qualität können ein Ersatz für die fehlende Handlung sein.

Dramaturgie des Puppenspiels für Kinder

Das Kindertheater und seine Problematik bilden in der Dramaturgie ein besonderes Kapitel. Leider gibt es da keine festen Grundsätze, auf die man sich stützen kann. Dennoch sollte man aus den Erkenntnissen von Pädagogen, Psychologen und Praktikern folgendes schließen: Kinder im Vorschulalter können den Zusammenhang zwischen Ursache und Wirkung in der Handlung noch nicht erkennen. Sie erfassen nur einzelne Situationen und begleiten die agierenden Gestalten mit Sympathien und Antipathien.

Die Fähigkeit, sich in einer einfachen Geschichte zurechtzufinden, entwickelt sich erst etwa im fünften Lebensjahr. Eine komplizierte Handlung mit Verwicklungen und Intrigen bleibt auch Kindern im Schulalter noch unverständlich. Und Stücke, in denen sich mehrere Handlungen durchdringen, sind auch für Zehnjährige noch nicht überschaubar. Je kleiner die Zuschauer sind, desto weniger gut ist es, aufregende Geschichten zu bringen. Die drastischen Momente in manchen Kindermärchen erwecken keine Angstgefühle, da sie erzählt werden, und der Zuhörer sie sich noch nicht mit allen Folgen vorstellen kann. Auf der Bühne vorgeführt, können sie einen Schock bewirken.

Überlegungen, wie viele Personen in einem Stück auftreten sollen, wie lange das Spiel dauern darf, und wann überhaupt ein Kind groß genug ist, ein Puppenspiel zu besuchen, haben insgesamt keinen großen Wert. Es ist aber nicht zu bezweifeln, daß ein Kind erst ab dem dritten und vierten Lebensjahr imstande ist, dem Theatergeschehen konzentriert zu folgen. In jedem Falle dürfen keine zu großen Ansprüche an die Aufnahmefähigkeit eines Kindes gestellt werden, und das Spiel muß das Kind emotional ansprechen. Alle Gestalten und ihr Verhalten sollten ganz und gar verständlich sein. Und außerdem muß auf der Bühne etwas geschehen. Die Ansprüche an die Attraktivität der Handlung eines gespielten Stückes wachsen mit zunehmendem Alter.

Die konsequent durchgeführte dramatische Form eines Theaterstückes ist für kleine Zuschauer zu anspruchsvoll. Näher ist ihnen ein Spiel, das aus einer Szenenfolge besteht, die durch eine oder nur wenige Hauptpersonen und durch einen einfachen Handlungsfaden verbunden sind.

Sehr beliebt bei den Kleinen sind die Gestalten von Kindern. Solche, die – ähnlich wie die Zuschauer selbst – noch unerfahren sind und sich in der Welt der Erwachsenen mit ihren unbegreiflichen Geboten und Verboten verlassen fühlen. Mit solch kleinen „Helden" identifizieren sich Kinder am liebsten. Die Bewunderung für die unbesiegbaren Ritter und die Supermänner kommt erst später an die Reihe.

Aktive Zuschauer

Jedes Theater setzt sich zum Ziel, mit seinem Spiel die Zuschauer in Bann zu versetzen und sie so einzubeziehen, daß sie Freude und Qual der Agierenden selbst miterleben. Das Publikum soll um sie fürchten, ihnen den Daumen drücken und sich an ihrem Sieg freuen. Solche Aktivität des Zuschauers ist aber vom Inhalt des Stückes abhängig und läßt sich mit äußeren Mitteln nicht erreichen. Ein Spieler, der eine laute und dann eine noch lautere Antwort auf seinen Gruß verlangt, durchbricht vielleicht die anfängliche Verlegenheit seiner kleinen Zuschauer. Das hat aber mit der Zuschaueraktivität nichts zu tun.

Nicht einmal ein Spiel, das sich auf dem Gespräch zwischen den Figuren und den Zuschauern aufbaut, besitzt damit schon das Engagement des Publikums.

Dieses Frage-Antwort-Spiel ist nur eine solcher Theaterkonventionen, der die Kinder gerne zustimmen. Einmal damit angefangen, erteilen sie ihre Ratschläge auch dann noch, wenn der Spieler sich von Herzen wünscht, sie möchten endlich still sein. Aber genauso willig nehmen die Kinder die Regel einer anderen Konvention an, der Konvention des schweigenden Zuhörens und Zuschauens.
Ein Spiel, in dem die Kinder ihre Meinung laut sagen dürfen und in dem sie wirklich oder auch nur scheinbar in den Gang der Handlung eingreifen, kann eine ganz besondere Wirkungskraft haben. Das Spiel wirkt dann nicht wie eingeübt, vielmehr entsteht es unmittelbar im derzeitigen Augenblick und entwikkelt sich weiterhin unter der Mitwirkung der Zuschauer. Es fragt sich nur, wie weit man dabei gehen darf, und ob das Publikum, im Eifer der eigenen Aktivität, nicht den Sinn des ganzen Spieles vergißt. Gerade bei kleinen Zuschauern, die sich gerne und spontan beteiligen, kann es vorkommen, daß sie dabei den Zusammenhang des Stückes vergessen.
Ein Spiel also, das sich auf den direkten Kontakt zwischen Bühne und Zuschauer gründet, ist eine anspruchsvolle Spielart. Sie verlangt von dem Spieler Einfühlungsvermögen in die kindliche Welt der Zuschauer: sei es die Puppe, die sich an sie wendet, sei es der Spieler selbst als Vermittler zwischen Puppe und Kindern. Wer mit Kindern nicht wie mit seinesgleichen umgehen kann, sollte lieber auf diese Theaterform verzichten. Weder mit einem drohenden Zeigefinger noch mit einem herablassenden Zischen kann man das Vertrauen der Kinder gewinnen.
Das einzige, was in Wirklichkeit die Zuschauer zu einer inneren Aktivität führt, sind starke emotionale Beziehungen der Gestalten des Stückes zueinander. Nur die tiefen Gefühle besitzen die Kraft, die Resonanz der gleichen Gefühle zu erwecken. Die Spielweise hat dabei eine untergeordnete Rolle.

Regie

Mit dem Namen „Regie" verbindet man die Tätigkeit, die alle künstlerischen und technischen Komponenten organisiert und einigt, damit eine Textvorlage in einer Theateraufführung verwirklicht wird.
Einem Alleinspieler stellt die Regie die schwere Aufgabe: zu sich selbst in kritische Distanz zu gehen und sich selbst mit den Augen des Zuschauers zu sehen. Die Regie eines Ensembles setzt, neben künstlerischer Reife und Erfahrung, die Fähigkeit voraus, eine Gruppe zu leiten, die sich aus Individualitäten mit den unterschiedlichsten Meinungen und Temperamenten zusammensetzt. Darüber hinaus sind die Kenntnisse der handwerklichen Seite der Regie und ihrer Methodik nötig.
Erste Voraussetzung ist: der Regisseur muß alle Mitbeteiligten für seine Idee zu begeistern wissen. Das kann ihm nur gelingen, wenn er eine klare Vorstellung von dem Stück und seiner Inszenierung hat. Er selbst muß für das auserwählte Stück entbrannt sein. Und je lebendiger ihm seine eigenen Vorstellungen werden, je reizvoller sich ihm die Details darstellen, desto leichter

wird es ihm fallen, seine Mitarbeiter mitzureißen.
Der Regisseur hat den Text oftmals gelesen. Er weiß alles über die Personen und ihre Handlungen. Er kennt auch die schwachen Stellen, die mit einer geschickten Inszenierung überbrückt werden müssen. Er sieht schon in seiner Phantasie den gesamten Ablauf des Stückes vor sich. Dabei muß er in seiner Vorstellung genug Spielraum für die Ideen und Vorstellungen seiner Mitarbeiter lassen. Ein Regisseur, der fremde Ideen ablehnt, dämpft die Kreativität des Ensembles und macht die Inszenierung um jene Farbtöne ärmer, die er selbst vielleicht nicht auf seiner Palette hat. Als Diktator verliert er ebenso den Respekt wie ein ratloser Regisseur ohne feste Konzeption.

Talent und Bleistift

Eine alte Theaterweisheit lautet: „Ein Spieler soll Talent und einen Bleistift haben". Das bezieht sich auch auf den Regisseur. Neben Vorstellungskraft muß ihm auch der Sinn für Systematik eigen sein. Er darf nicht nur ein begeisterter Schöpfer sein. Er muß auch ein sachlicher Baumeister der Inszenierung sein.
Hierzu ist der Bleistift unentbehrliches Instrument. Alles wird notiert: die Bewegung und Stellung der Puppen, Korrekturen im Text, Anmerkungen zur Sprache, zur Beleuchtung, zur Dekoration... Probezeiten erstrecken sich manchmal über Wochen, und das menschliche Gedächtnis versagt leicht. Jede vergessene Kleinigkeit kostet Zeit und Nerven.
Ein Regisseur, der nichts notiert und statt dessen ständig seine Dispositionen ändert, muß früher oder später mit einem Aufstand im Ensemble rechnen.

Arbeitsplan

Ein guter Arbeitsplan, der auch realisierbar ist, erleichtert die Inszenierungsarbeit. Er sollte alle wichtigen Termine enthalten, als da sind: Beginn und Ende des Baues der Puppen, Kulissen und Requisiten, die Aufnahmetage der Bühnenmusik, Tischproben und Proben auf der Bühne, Proben für Technik und Beleuchtung, die Generalprobe und schließlich die erste Aufführung.
Ein wichtiger Teil des Planes ist auch die Zuteilung der Rollen und der anderen Aufgaben und Pflichten, die bei einem Spiel anfallen. Ein Regisseur, namentlich wenn er mit jungen Menschen arbeitet, darf nicht nur daran denken, wer für eine bestimmte Rolle am besten geeignet ist. Aus pädagogischen Gründen sollte er nicht die gleichen Spieler für ähnliche Rollen immer wieder verpflichten oder den gleichen „Protagonisten" immer die Hauptrolle zuteilen und junge „Stars" züchten. Die Verteilung von Rollen und Aufgaben werden natürlich auch durch rein praktische Erwägungen bestimmt, namentlich, wenn jeder Spieler mehrere Aufgaben hat.

Proben

Es gibt kein Rezept für das Probensystem. Soll man mit dem Text anfangen oder mit dem Kennenlernen der Pup-

pen? Wie soll man weitermachen? Geht man am besten vom Detail zum Ganzen über oder umgekehrt? Soll man das Stück hintereinander durchspielen, systematisch von Anfang bis zu Ende, oder beginnt man mit den schwierigsten und wichtigsten Szenen? Soll man gleich mit Text üben oder zunächst nur pantomimisch?
Jeder Regisseur hat da seine eigenen Methoden. Jedes Stück aber erfordert auch einen anderen Probenverlauf. Grundsätzlich gilt: je mehr Proben, desto besser.
Bei einem Stück mit festgelegtem Text sind sogenannte Lese- oder Tischproben nötig. Zu viele Leseproben allerdings haben ein umstrittenes Ergebnis: Es kann leicht ein Hörspiel entstehen, das man beim Spiel mit den Puppen umzuändern gezwungen ist.
Es ist verlorene Zeit und Mühe, wenn der Regisseur die Spieler gleich zu Beginn zwingt, Text und Spiel mit Ausdruck und mit allen Details zu bringen. Er muß ihnen genug Zeit lassen, die Gestalten des Spieles zu verstehen und sich in den jeweiligen Situationen zu orientieren. Erst dann dürfen die Spieler die einzelnen Szenen allmählich durcharbeiten bis zur endgültigen Form.
Auch eine ständige Wiederholung des Spieles von Anfang bis zu Ende bringt wenig. Das Spiel stolpert dabei immer über die gleichen schwierigen Situationen. Nur an den Details herumzufeilen führt dazu, daß die Gesamtinszenierung unförmig bleibt. Es sind also beide Probearten nötig. Zu Beginn legt man mehr Wert auf das Detail. Mit der Zeit durchläuft man das ganze Stück.

Tempo und Rhythmus

Analog der Konstruktion des gespielten Stückes muß auch seine Inszenierung fest aufgebaut werden. Die wichtigsten Bauelemente sind Tempo und Rhythmus.
Das ganze Stück läuft wie eine musikalische Komposition in einem bestimmten, ihm entsprechenden Tempo – mit seinen Accelerandi, Ritardandi und Fermaten. Ähnlich sind auch einzelne Szenen erarbeitet. Die Rhythmik besteht in dem Wechsel erregter und ruhiger Szenenmomente, bewegter Situationen und lyrischer Auftritte. Solcher Mittel bedient sich der Regisseur, um den Ablauf der Handlung zu betonen, um die Spannung zu steigern, den Höhepunkt zu markieren und um den Schluß überzeugend zu gestalten. Monotonie, sowohl der Ruhe als der Erregung, wirken auf den Zuschauer wie ein Schlafmittel.

Atmosphäre

In der Macht des Regisseurs steht es auch, Atmosphäre auf der Bühne zu bilden. Dazu steht ihm das Bühnenbild, die Beleuchtung und die Musik zur Verfügung sowie alle anderen szenischen Mittel. Das kann auch der Vorhang sein, der sich langsam oder schnell öffnet und schließt. Natürlich ist von allergrößter Wichtigkeit, wie er die Puppen agieren läßt.
Die Atmosphäre, die Stimmung, die auf der Bühne herrscht, versetzt die Zuschauer unmittelbar in die Situation: ein weiches Licht, ruhiges Ticken einer Pendeluhr und Oma, die mit dem

Strickzeug in den Händen schlummert. Dieses Bild sagt alles über einen friedlichen Abend zu Hause aus. Dazu sind keine Kulissen mehr nötig, dazu braucht man auch nichts mehr im Text zu erklären.
Selbstverständlich muß das Zuhause des tapferen Schneiderleins eine ganz andere Atmosphäre ausstrahlen. Eine andere Stimmung hat der Wald, in dem es dann mit den Riesen kämpft, und eine andere wieder hat der Wald, in dem Schneewittchen sterben soll.
Eine suggestive Atmosphäre erweckt Erwartung und Spannung. Und auch darin besteht die Kunst zu inszenieren, ob man die Stimmung der Szene mit dem Charakter der Handlung übereinstimmen oder kontrastieren läßt.

Spiel mit der Puppe

Um mit einer Puppe richtig zu spielen, muß man zunächst die Technik des Spieles beherrschen. Bei einer einfachen Puppe, wie es die Marionette am Stab ist, geht es im Grunde nur um eine gewisse Aufmerksamkeit beim Hinstellen der Puppe und um eine unverkrampfte Hand beim Spielen.
Die Fadenmarionette verlangt dagegen viel mehr. Sie muß in der richtigen Höhe gehalten werden. Damit sie „geht", muß man die regelmäßigen Bewegungen der Beinschwinge beherrschen, und gleichzeitig die Puppe nach vorne führen. Der Spieler muß sich auch schnell am Spielkreuz orientieren können und ein Gefühl für Lenkung des Kopfes, der Hände und anderen Körperteilen der Puppe bekommen.
Dazu kommen das Umdrehen, das Setzen und Aufstehen und die Übergabe der Puppe von einer Hand in die andere, oder sogar in die Hand eines anderen Spielers.
So kann also nur systematische Übung vom Einfachsten bis hin zum Schwierigsten, zu einem zufriedenstellenden Ergebnis führen. Die andere, die künstlerische Seite des Könnens hängt von der Vorstellungskraft des Spielers ab. Sie läßt sich an einer kurzen Formel ausdrücken:

wer + was + warum = wie

Die drei wichtigsten Fragen sind: Wer ist die Gestalt, was macht sie und warum tut sie es? Die Antwort darauf ergibt, wie sie sich dabei benimmt.
Nicht einmal die Fähigkeit, Phantasie walten zu lassen, entwickelt sich ohne Übung. Diese Übung besteht in einer genauen Selbstbeobachtung und Betrachtung der Umgebung: Was tut man und was tue ich, wenn ich müde bin, wenn ich nicht einschlafen kann, wenn ich Angst habe, wenn ich ärgerlich bin ... wie reagiere ich in dieser oder jener Situation? Und wie kann die Puppe mit den ihr gemäßen Mitteln dasselbe äußern?

Puppen auf der Bühne

Das Spiel der Puppe auf der Bühne, ihr Kommen und Gehen, muß logisch und verständlich sein. Ist sie einmal „in die Küche" durch die Tür von rechts gegangen, kann sie nicht „aus der Küche" durch die Tür hinten links zurückkommen.
Es gelten außerdem vier Regeln, die jeder Spieler unbedingt zu befolgen hat:

1) Eine Puppe darf sich niemals so stellen, daß sie eine andere verdeckt, es sei denn, daß die Puppen eine Gruppe bilden, die gerade gemeinsam agiert.
2) Nur die Puppe, die gerade agiert, bewegt sich. Die anderen warten, bis sie dran sind.
3) Wenn es nicht aus bestimmtem Grunde vonnöten ist, stellt sich eine Puppe nie im Profil oder sogar mit dem Rücken zum Publikum, sondern immer so, daß sie ihr Gesicht zeigt.
4) Eine Puppe muß mit dem Blick dem Objekt ihrer Aufmerksamkeit folgen (ihrem Partner, einem Requisit ...). Wendet sie den Blick ab, so bedeutet das, daß der Kontakt unterbrochen werden soll.

Die Stellung der Puppen auf der Bühne darf man nicht dem Zufall überlassen. In allen Situationen soll wie an einem Bilde komponiert werden. Dabei soll die Beziehung der Gestalten zueinander anschaulich gemacht werden. Eine Figur, die gerade die Situation beherrscht, kann nicht in einer Ecke stehen. Gegner, die heftig miteinander streiten, können nicht nebeneinander sitzen bleiben ...

Eine unverändert eingehaltene Stellung der Figur wirkt nach einer Weile monoton. Außerdem muß jede Veränderung der Situation durch einen Stellungswechsel angezeigt werden. Je wichtiger die Veränderung, desto gründlicher der Stellungswechsel. Anderseits, wenn die Figuren ohne Grund hin und her gehen, beirren sie den Zuschauer.

Da der Spieler seine Marionette nur aus der Vogelperspektive sieht, muß der Regisseur den Zuschauer vertreten und die Gestikulation der agierenden Puppen verbessern. Ein Spieler aber, der eine Anweisung für jede Kopf- oder Handbewegung fordert, bringt den Regisseur zur Verzweiflung. Und ein Regisseur wiederum macht die Spieler wütend, wenn er zu viele Anweisungen gibt und ihre bedingungslose Erfüllung erwartet.

Beleuchtung, Bühnenmusik

Das wichtigste in jeder Inszenierung ist das Spiel der Puppen. Damit steht und fällt das ganze Stück. Alles andere bei der Inszenierung ist nur da, um das Spiel zu unterstützen und es noch verständlicher und wirksamer zu machen. Eine überprächtige Bühnenausstattung, die die Puppen in den Schatten stellt, eine Musik, der man lieber ungestört zuhören würde oder gar eine Beleuchtung, die die Aufmerksamkeit des Zuschauers zu sehr in Anspruch nimmt, verhelfen dem Spiel nicht zu einer stärkeren Wirkung. Das tun alle diese szenischen Mittel am besten, wenn sie sehr sparsam und durchdacht zur Anwendung kommen.

Tonband und lebendiges Wort

Wo immer es möglich ist, den Text im lebendigen Wort zu bringen, sollte man es versuchen. Trotz aller Vorteile, die eine gute Tonbandaufnahme mit sich bringt, sie bleibt immer nur eine Konserve, die weder die Reaktion des Publikums noch die momentane Disposition des Spielers berücksichtigen kann. Eine zufriedenstellende Aufnahme zu

machen und die Puppen dann synchron zu bewegen, bedeutet weder eine Erleichterung noch eine Zeitersparnis. Trotzdem bleibt keine andere Wahl, wenn zu wenige Sprecher im Ensemble sind oder wenn es sich sogar um Inszenierung einer Oper handelt.
Manchmal erlauben es auch anspruchsvolle Rollen oder das Spiel mit komplizierten Puppen nicht, daß ein Spieler gleichzeitig Sprecher ist. Dann ist es günstiger, die Rollen zwischen Spieler und Sprecher zu teilen. Das Zusammenspiel von Sprecher und Spieler ist wesentlich leichter als ein Spiel nach dem Tonband. Und es ist auch wesentlich fruchtbarer für das Spiel.

Etwas über die Idee

Eine interessante und spannend konstruierte Fabel, inszenatorische Geschicklichkeit des Regisseurs und die Fingerfertigkeit des Spielers sind unentbehrliche Voraussetzungen für eine unterhaltsame Schau. Die Tiefe des Erlebnisses beim Zuschauer wird aber durch den rein menschlichen Inhalt des Spiels bestimmt.
Jedes gute Stück ist eine Aussage über den Menschen. Es handelt von Liebe und Haß, von Angst und Freude oder Enttäuschung. Es zeigt menschliche Größe und Schwächen. Der Wert der Aussage hängt nicht vom Ton des Stükkes ab oder davon, ob es ein Lustspiel oder ein ernstes Stück ist. Es geht nicht einmal um die Originalität der Ansichten, wenn sie auch geschätzt werden soll.
Die entscheidenden Kriterien sind einzig und allein die Wahrhaftigkeit und die Überzeugungskraft, mit der ein Mensch und sein Inneres dargestellt wird. Und in jedem Theaterspiel handelt es sich immer nur um den Menschen, mögen die Handelnden Menschen oder Tiere sein, oder, was im Puppenspiel keine Seltenheit ist, sogar Sachen.
Es klingt paradox, aber in Wirklichkeit sind gerade diejenigen Stücke in Gefahr, nicht überzeugend zu wirken, denen eine bestimmte Idee als Ausgangspunkt dient, die einen Gedanken demonstrieren möchten, die Stücke „à thèse“.
Auch bei erfahrenen Autoren führt leicht eine solche Absicht zur Übernahme eines Schemas. In dem Stück treten dann statt lebendiger Typen und menschlicher Charaktere nur personifizierte Ansichten und trockene Ideenträger auf. Und die Geschichte wickelt sich auf der Bühne wie ein Schachspiel ab, dessen Züge schon vorher feststehen. Statt eines aufregenden Theaters sieht man ein moralisierendes Lehrstück, das einen kühl läßt.
Man darf sich auch nicht der irrtümlichen Vorstellung hingeben, das Puppenspiel sei fähig, moralische Grundsätze oder gesellschaftliche Normen jemandem einzuprägen. Man überschätzt das Puppenspiel, wenn man meint, es könne lehren, die Wahrheit zu achten, oder die Verkehrsregeln einzuhalten. Aber man unterschätzt die pädagogische Wirkung der Puppen, wenn man übersieht, in welchem Maße sie fähig sind, die Gefühlsentwicklung der Zuschauer zu beeinflussen.
Eine Puppe kann ganz bestimmt auch dort Erfolg haben, wo andere Mittel we-

gen Unanschaulichkeit oder Unattraktivität versagen. Aber eine Illustration zu einer mathematischen Aufgabe „ein Apfel und noch ein Apfel sind zwei Äpfel“ ergibt keine Malerei, und eine in Reime gesetzte Kinderstubenregel ist keine Poesie. Ebenso ist eine mit Puppen vorgeführte Belehrung kein Puppenspiel im wahren Sinne des Wortes. Das beginnt erst dort, wo die Phantasie und das Gefühl angesprochen werden ...

Literaturverzeichnis

Augsburger Puppenkiste,
München 1972

Becker, J.
Marionetten – leicht zu bauen,
Stuttgart 1979

Böhmer, G.
Puppentheater – Figuren und Dokumente aus der Puppentheatersammlung der Stadt München,
München 1976

Fettig, H.
Hand- und Stabpuppen, Stuttgart 1978

Pieck, K. S.
Marionetten, selbst gebastelt und gespielt, Ravensburg 1979

Reinckens, J.
Marionetten, Freiburg 1979

Reiniger, L.
Schattentheater, Puppentheater und Schattenfilm, Tübingen 1979

Scholz-Peters, R.
Lustige Marionetten – selbstgemacht,
Stuttgart 1979

Simmen, R.
Marionetten aus aller Welt, Eltville 1978

Szilágyi, D.
Das ungarische Puppentheater heute,
Kassel 1978

Wittkop-Menardeau, G.
Von Puppen und Marionetten,
Zürich 1962

Zimmermann, E.
Wir spielen Puppentheater,
Freiburg 1976

Deutsche Berufs-Puppentheater

(Mitgliedsbühnen des Verbandes „Deutsche Puppentheater e.V.“)

Stand: Januar 1985

Postleitgebiet 1

Berliner Mäusetheater
K. Balsevicius u. S. Technau
Sanderstraße 26
1000 Berlin 44
Tel. 030/6928340

Marionettenbühne
„Die Strippenzieher“
Michael Benecke
Weserstraße 2
1000 Berlin 44
Tel. 030/6929573

BERLINER FIGURENTHEATER
Tilman Harte
Yorckstraße 59
1000 Berlin 61
Tel. 030/7869815 + 7859277

Berliner Puppenstube
Nikolaus Hein
Lupsteiner Weg 47
1000 Berlin 37
Tel. 030/8155605

DIE KULLERKÖPFE
Theater mit Puppen
Michael Orth
Leibnizstraße 83
1000 Berlin 12
Tel. 030/316136 + 4015755

pfifferling figurentheater
Sabine Rickmann
Gustav-Müller-Straße 29
1000 Berlin 62
Tel. 030/7846460

PUPPARIUM – Thomas Rohloff
Wriezener Straße 7
1000 Berlin 65
Tel. 030/4942667

„die bühne“
literarisches Figurentheater
P. K. Steinmann
Joachim-Friedrich-Str. 39/40
1000 Berlin 31
Tel. 030/8912069

Postleitgebiet 2

FUNDUS – THEATER mit FIGUREN
Sylvia Deinert
Huuskoppel 68
2000 Hamburg 65
Tel. 040/6083421

Puppenkabinett Anton Kasper
Jersbekerstraße 2
2061 Bargfeld-Stegen
Tel. 04532/8414

Puppenbühne Bergner
Moorburg 26
2091 Marxen
Tel. 04185/4615

„Der Heidekasper“
Walter Büttner
Der Puppenspieler aus d. Heide
Kasperhaus
2105 Seevetal 3
Tel. 04105/83939

LOOP-VAGEL Geschichten
Bernd Plake
2121 Betzendorf Nr. 1 A
Tel. 04138/442

Wyker Puppenbühne
Arno Beuckenhauer
Hamburger Straße 122
2240 Heide
Tel. 0481/2080

Flintbeker Puppentheater
Hans-Joachim u. Doris Engler
Stoppelkamp 3
2302 Flintbek
Tel. 04347/826

Fantasia-Bühne
Kindertheater mit Puppen
Stephan & Perdita Teuber
Postfach 13
2342 Gelting
Tel. 04643/979

„fabula-theater mit puppen“
„fabula-theaterwerkstätten“
Peter Röders
Kerstin Siebmann-Röders
Dorfstraße 23
2381 Idstedt
Tel. 04625/7667

Lübecker Marionetten-Theater
Fritz Fey
Im Kolk 20–22
2400 Lübeck
Tel. 0451/700060

REGENBOGEN
Theater mit Puppen
Eva Spilker
Verdener Straße 95
2800 Bremen 1
Tel. 0421/498852

Postleitgebiet 3

Studio Erich Namenhauer
Omptedastraße 23
3000 Hannover
Tel. 0511/662187

Handpuppenbühne
Ursula und Gerhard Sagert
Pfarrstraße 29 a
3000 Hannover 91
Tel. 0511/423429

Figurentheater Seiler
Hannover
Ludwig-Thoma-Straße 6
3004 Isernhagen 1
Tel. 0511/612720 + 611879

Hamberlino-Puppenspiele
Arthur Gräber
Im Wiesengrund 12
3014 Laatzen 5
Tel. 05102/7219

Puppenspielvagantei
Erwin Strüver
Am Herberhäuser Weinberge 17
3400 Göttingen 1
Tel. 0551/21391

Handpuppenbühne Mütze
Gabriele Schunke
Steinweg 43
3406 Bovenden
Tel. 0551/8949

Soldiner Puppenbühne Kassel
Fritz Leese (Ehrenmitglied)
Zimmerplatz 13
3582 Felsberg 1
Tel. 05662/4740

Postleitgebiet 4

Hohnsteiner Puppentheater
Harald Schwarz
Ratsherrnweg 3
4300 Essen 1
Tel. 0201/256998

Junior-Puppenbühne
Detlev Stocker
Kurfürstenstraße 20
4330 Mülheim/Ruhr
Tel. 0208/421792

Mülheimer Kaspertheater
Martha Stocker
Gisela Lohmann
Hamburger Str. 1
4330 Mülheim/Ruhr 13
Tel. 0208/422943

Wodo Puppenspiel
Dorothee Wellfonder
Wolfgang Kaup
Kleine Bruchstraße 13
4330 Mülheim/Ruhr
Tel. 0208/478772

FIGURENTHEATER
ECDYSON KLAASSEN
Christine Eisenberg
Burgstraße 4
4400 Münster
Tel. 0251/56890

Puppentheater „Baika“ Münster
Ursula Kucharzewski
Soester Staße 46
4400 Münster
Tel. 0251/664988

Brunos Bunte Bühne
Bruno Knust
Olpketal 90
4600 Dortmund 50
Tel. 0231/735353

Puppentheater Kieselstein
Gertrudenhof 13
4630 Bochum 6 (Wat.)
Tel. 02327/31812

Marionettenduo Bochum
Wolfgang Kurock
Am Kreuzacker 10
4630 Bochum
Tel. 0234/351429

Das Taschentheater
Dr. Gerhard Mensching
Am langen Seil 95 G
4630 Bochum
Tel. 0234/381047

Marionettentheater
Heinz-Peter Schmälter
Carl-Haarmann-Straße 13
4670 Lünen 6 (Brambauer)
Tel. 0231/876722

Das kleine Stadttheater
„Drei Hasen“
Puppenbühne Uwe Natus
Fixberg 18 a
4790 Paderborn
Tel. 05251/9799

TRIXINI
Puppen- & Zaubertheater
Jühengasse 10
4790 Paderborn
Tel. 05251/22424 + 05252/6662

Poetisches Puppentheater
Bielefeld
Thomas R. Niekamp
Osningstraße 87
4800 Bielefeld 1
Tel. 0521/26499 + 27432

Bielefelder Puppenspiele
Hellmut Selje
Ravensbergerstraße 12
4800 Bielefeld
Tel. 0521/60840 + 05224/2106

Postleitgebiet 5

Puppenbühne Rheinland-Pfalz
Wolfgang Feder
Burgstraße 33
5450 Neuwied 13
Tel. 02631/54949

Hans Scheu, Puppenspieler
(Ehrenmitglied)
Stahlsberg 46
5600 Wuppertal 2
Tel. 0202/523671

Wuppertaler Puppenspiele
Thomas Labbé
Linde 121
5630 Remscheid 11
Tel. 02191/51511

Märchentheater BATEK & BATEK
Oskar Batek
Dorfstraße 3
5909 Burbach
Tel. 02736/3459

Postleitgebiet 6

„puppenzentrum frankfurt“
Dieter Brunner
Diemelstraße 9
6000 Frankfurt/M. 90
Tel. 069/777603

Nasenmeiers Puppentruppe
Jojo Ludwig
Vogelsbergstraße 34
6000 Frankfurt/M. 1
Tel. 069/448929

BABUSCHKA
Erzähltheater mit Puppen
Barbara Scheel
Heddernheimer Landstraße 88
6000 Frankfurt/M. 50
Tel. 069/585633

Gießener Puppenkiste
Roland Dworschak
Postfach 110426
6300 Gießen
Tel. 0641/36938

Personen–Masken–Puppen
Andreas Wahler
Obergasse 7
6414 Hilders-Simmershausen
Tel. 06681/470

Hanauer Figurentheater
Oskar Feder
Hahnenkampstraße 2
6457 Maintal 4
Tel. 06181/87666

Der Vogelsberger Kasper
Günther Menzel
Märchenland
6476 Hirzenhain–Merkenfritz
Tel. 06045/542

Steinauer Marionettentheater
„Die Holzköppe"
Karl Magersuppe
Postfach 1166
6497 Steinau
Tel. 06663/245

Postleitgebiet 7

„Das Laboratorium"
Theater mit Figuren
Pavel A. Möller-Lück
Arminstraße 36
7000 Stuttgart 1
Tel. 0711/605178

GUSTAV UND SEIN ENSEMBLE
Albrecht Roser
Urbanstraße 49
7000 Stuttgart 1
Tel. 0711/223509

OPTICAL-Figurenbühne
Crista Oeffler-Wöller
Bernhard Wöller
Spitalhofstraße 18 B
7000 Stuttgart 40
Tel. 0711/847784

Sindelfinger Puppenbühne
Helmut Schmiedeberg
Kantstraße 4
7030 Böblingen 4
Tel. 07031/71256

kleines spectaculum
Ilsebyll Beutel-Spörl
Krehwinklerstraße 3
7062 Asperglen
Tel. 07183/7592

„die werkstatt"
Ted Moré
Bruno Lambertstraße 2
7118 Künzelsau-Nagelsberg
Tel. 07940/2805

Gerhards Marionetten
Wolfgang Gerhards
Leonhard Kern Weg 16
7170 Schwäbisch Hall
Tel. 0791/48536 + 71900

Rottweiler Puppenspiele
Fred Bille
Stadionstraße 11
7211 Villingendorf/Rottweil
Tel. 0741/32630

Der Entwicklungshelfer
Puppenspiele Werner Suchy
Augartenstraße 5
7527 Kraichtal 7
Tel. 07250/277

Puppentheater Gugelhupf
Frieder Kräuter
Haydnstraße 11
7562 Gernsbach
Tel. 07224/40181 + 1581

Villinger Puppenbühne
Dieter Siringhaus
Schäffnerstraße 2
7732 Niedereschbach
Tel. 07728/456

figurentheater „sebastian + co"
Werner Knoedgen
Feldbergstraße 22
7801 Umkirch
Tel. 07665/8181

Postleitgebiet 8

PAWO's PUPPENBÜHNE
Handpuppenspiele
Paul-Wolfgang Schmidt
Winterstraße 1
8000 München 1
Tel. 089/668478

Weilheimer Puppenspiele
Karl-Heinz Drescher
Am Winkel 7
8121 Wilzhofen
Tel. 0881/7292

Stilles Figurenspiel –
Bilderbühne
Evi Robl, Heinz Polkehn
Engelsburger Gasse 21
8400 Regensburg
Tel. 0941/560577

Schwabacher Marionettenbühne
Ruth Bloss
Siedlerstraße 1
8541 Penzendorf
Tel. 09122/71408

Hobbit-Puppenbühne
Bernhard Kreußer
Kirchheimerstraße 15
8701 Geroldshausen
Tel. 09366/1946 + 0931/58167

Augsburger Puppenkiste
Hans-Joachim Marschall
Spitalgasse 15
8900 Augsburg
Tel. 0821/432182 + 515606 (Büro)